納

粹

陰

謀

關加利
《無奇不有》
神秘學事典2 增訂版

前言

1969年，美國的「阿波羅計劃」將人類送上了月球，邁出人類登月第一步。2019年7月，美國太空總署（NASA）公佈「阿提密斯計畫」（Project Artemis），重啓載人登月任務，最終在月球表面建立一個長期生存基地。

2022年阿提密斯1號升空，搭載機械人和人體模型。按照計劃，預計2024年將由4名太空人環繞月球飛行，並於2025年前再讓人類登月。

傳聞中，當年納粹飛碟離開地球，飛向月球建立基地。美國重啓登月計劃，納粹德國的月球飛碟基地會否因此曝光？

德國雖然於二戰中戰敗，但納粹陰魂似乎一直在地球徘徊不去，直至近年仍然未散⋯⋯

2023年9月，加拿大政壇發生「納粹門風波」，加拿大眾議院議長安東尼·羅塔宣佈辭職。事源羅塔邀請了一名曾在第二次世界大戰期間，在納粹黨衛軍部隊服役的老兵來到加拿大議會，旁聽烏克蘭總統澤連斯基的演講。

2023年5月，法國警方允許新納粹份子集會，但禁止反年改團體在香榭麗舍大道附近遊行，遭質疑雙標。面對外界質疑，巴黎警方表示，因爲沒有證據顯示新納粹份子的集會會對公共安全造成威脅……

主流歷史沒告訴你的納粹事件、流傳經年的納粹傳聞、陰魂不散納粹陰謀，箇中的千絲萬縷，知悉的人少之又少。

本書原版《納粹陰謀》是承接《深層揭密 神秘學事典》的後續作品，原本並非納粹專書，只是該書較大篇幅談及相關話題，故以「納粹」定名之。來到這本「增訂版」，出版社把舊版中與納粹無關的篇幅抽走，並把《深層揭密》中相關章節合併到此書當中。作者關加利更增添3篇合計逾萬字的新內容以饗讀者，故此《納粹陰謀 增訂版》將更專注、更深入、更精彩。喜歡陰謀論與神秘學的讀者萬勿錯過。

目錄

Chapter 1

新資料揭露歷史謎團

1933年意大利飛碟墜毀事件

　　五角大廈吹哨人大衛 • 格魯施（David Grusch）聲稱，美國數十年前執行一項絕密的不明飛行物回收計劃，並聲稱梵蒂岡參與其中。在二戰期間美國軍隊回收了一架1933年在意大利墜毀的不明飛行物，意大利飛碟研究者表示他們有文件證明這一點。

　　在2023年6月份，前美國國家偵察局高級情報官大衛 • 格魯施透露，他在向國會和政府監管機構宣誓作證時揭露了一項所謂的美國秘密計劃，該計劃已獲得多個非人類製造的飛碟，這消息震驚了全世界。格魯施透露了一些令人震驚的信息，他表示，美國執行了長達數十年的絕密不明飛行物回收計劃，並補充說「梵蒂岡參與了」有史以來第一次不明飛行物墜毀事件。格魯施表示，該不明飛行物於1933年在意大利馬真塔首次被發現。該不明飛行物一直由意大利獨裁者墨索里尼政府擁有，直到1944年至1945年，教宗庇護十二世向美國通報了此事。不明飛行物部分完好無損，一直保存在一個安全的空軍基地，直到意大利法西斯政權垮台後被美國取回。格魯施說「1933年是歐洲在意大利馬真塔（Magenta）進行的第一次回收。他們回收了一輛部分完好的車輛，意大利政府將其轉移到意大利的一個安全空軍基地，直到1944年至1945年左右。教宗曾暗示說過這件事，並告訴美國人『意大利人擁有的東西，你們最終得到了』」在澄清天主教會是否知道地球上存在「非人類」存在時，格魯施說：「當然」。他說，他的說法必須被相信，「因為我有資格，而且我是情報官員。」

意大利研究人員羅伯托 • 皮諾蒂分享了1933年據稱發生在意大利
北部的飛碟墜毀的細節。

　　意大利飛碟研究專家羅伯托 • 皮諾蒂（Roberto Pinotti）獲得了
1933年6月13日意大利北部飛碟墜毀事件的證據文件，以及墨索里尼
設立秘密部門研究該飛行器。他告訴《每日郵報》，這些文件是由一
個神秘來源郵寄給他的，該來源聲稱這些文件是從參與該計畫者的
親戚那裡繼承的。皮諾蒂還收到了帶有政府機構信頭的手寫紙質備
忘錄，日期為1936年8月22日，其中包括一架圓柱形飛機的草圖和描
述，該飛碟兩側有舷窗，於飛越意大利北部時發出白色和紅色燈光。

ANTONIO GARAVAGLIA
STUDIO CONSULENZE TECNICHE
Consulenze Tecnico - Scientifiche su Alimenti, Farmaci, Cosmetici, Materie prime, Acque, Reflui, Pesticidi e
Classificazione Rifiuti speciali e tossico - nocivi. Consulenze Chimiche in Genere. Consulenze Tessili in
genere. Formulazioni prodotti. Inquinamento Elettromagnetico. Indagini Fonometriche. Inquinamento
ambientali in genere. Perizie Giurate. Consulenze HACCP e legge 626. Analisi e controlli di qualità.
Ricerche in genere.
Iscr. C.C.I.A.A. Ruolo Periti ed Esperti.
Iscr. Albo Consulenti tecnici del Giudice del Tribunale di Como
Cod. Fisc. GRV NTN 58D02 F205 I P. Iva 02283600134
Studio Via A. Volta, 6 22070 Montano Lucino (CO)
Tel. +39-031/471469 - +39 /031473878 (2 l r.a) Fax +39/031471585

CONSULENZA TECNICA DI PARTE

Il sottoscritto A.Garavaglia, iscritto all'Albo dei Consulenti Tecnici del

Giudice del Tribunale ed al nr. 524 del Ruolo dei Periti ed Esperti della

C.C.I.A.A. di Como, nonché iscritto all' Association of Official Analitycal

Chemists (A.O.A.C. International Member) veniva contattato dal Dr.

Roberto PINOTTI - via Senese, 138 50124 Firenze - in qualità di Presidente

del Centro Ufologico Nazionale.

Il sottoscritto riceveva formale incarico dal predetto dr. Roberto PINOTTI,

nella sua qualità ut sopra, di eseguire consulenza tecnica con il seguente

quesito "dica il consulente di parte, presa visione del documento manoscritto

che si allega, se l'inchiostro con cui è stato scritto tale documento può

essere considerato autentico ovvero se la data indicata sul documento può

essere considerata attendibile."

Il sottoscritto iniziava le operazioni peritali.

Occorre premettere che non esistono dati analitici o metodologie precise che

possano dare indicazioni certe e provate su datazioni.

In buona sostanza è da precisare che i metodi e le indagini sono molteplici

ed a volte non sono riproducibili in matrici che per loro natura possono

interferire in qualsivoglia modo.

Fatte queste doverose premesse e precisazioni - peraltro anticipate

verbalmente - si è ritenuto opportuno procedere con due strumenti di

indagine empirica.

　　一名意大利研究人員擁有一份日期為1936年的文件，並由法醫專家進行了測試，專家得出結論，該文件和墨水來自那個時期。

　　皮諾蒂分享了飛碟墜毀事件的詳盡細節，該事件發生在著名的新墨西哥州羅滋威爾事件整整14年前。1933年6月13日，一架神秘飛

行器在意大利北部馬焦雷湖（Lake Maggiore）附近墜毀。軍方發現了這些物品的殘骸以及裡面的人，並將其放到瓦雷澤附近的SIAI-Marchetti倉庫中，所有物品都被保密。該物體被描述為圓柱形，底部很窄，側面有一個開口，發出紅光和白光。兩名外星人屍體身高約5尺11寸，金髮，眼睛清澈，被放入防腐藥水福馬林中保存。最初的研究曾經懷疑是德國的秘密項目，但技術實在太先進了，於是意大利科學家提出了外星人的說法。皮諾蒂聲稱已證實1933年6月13日墜機事件的文件，以及墨索里尼確實設立的一個秘密部門來研究所謂的飛碟。自2000年首次發表以來，皮諾蒂的研究在意大利遭到質疑，而在國外這件事鮮為人知。

從神秘文件中，皮諾蒂能夠確定位於米蘭衛星城馬真塔外所謂墜機地點附近的SIAI Marchetti飛機設施，很可能是存放所謂殘骸的地點。

他告訴英國《每日郵報》說：「我和我的同事阿爾弗雷多‧利索尼（Alfredo Lissoni）於1996年開始調查1933年倫巴第UFO墜毀事件，當時我們收到了一些有關此案的原始秘密文件。」這些文件是

從一位匿名人士那裡神秘地郵寄給皮諾蒂的，該人士聲稱這些文件是從一位曾經參與墨索里尼的不明飛行物計劃的家庭成員那裡繼承的。其中包括1933年6月的兩封意大利語電報，其中一封要求對「據稱有不明飛機降落在本國領土上」一事「絕對保持沉默」。另一份日期為6月13日的郵件威脅稱「已下令立即重播載有上述新聞的報紙上的任何線索。威脅對任何報道『性質和來源不明的飛行器』新聞的記者進行『立即逮捕』和『最高處罰』。」兩人都說那些威脅是奉領袖墨索里尼本人的個人命令。

BY SUPERIOR ORDER IT IS DISPOSED TO TREAT NEWS DIFFUSED WITH
STEFANIS DISPATCH NR. 66/3/1.C OF TODAY AS FOLLOWS COLON
AIRCRAFT ABOVE RECOGNIZED AS METEOR REPEATS METEOR BY
BRERA ASTRONOMICAL OBSERVATORY STOP
GIVE MINIMUM GRAPHIC RELEVANCE TO NEWS STOP
NO NEED REPEAT NO NEED TO CORRECT STOP
MINIMIZE STOP
IMMEDIATE CONFIRMATION OF RECEIPT REQUIRED STOP -
DIRECTOR SPECIAL AFFAIRS - ENDS STOP

一份日期為6月13日的文件，威脅對任何報道「性質和來源不明的飛機」新聞的記者進行「立即逮捕」和「最高處罰」。

墨索里尼創建了一個特別工作小組「Gabinetto RS/33」，由墨索里尼的秘密警察OVRA特工和古列爾莫•馬可尼（無線電發明人）領導的一班科學家組成，以研究該飛行器並實施逆向工程。他們在羅馬的拉薩皮恩札大學開展工作，同時研究當時意大利上空的其他不明飛行物目擊事件。1941年，他們與德國「Wunderwaffen計畫」分享研究成果，其後該計畫開始開發自己的V-7火箭計劃。隨著1945戰爭結束，盟軍指揮部接收所有物品和資料，並將其送往美國進行研究。

1933年，一架不明飛行物據稱在意大利墜毀，墨索里尼成立了一個特別工作組對其進行逆向工程。

　　皮諾蒂還收到了帶有政府機構信頭的手寫紙質備忘錄，日期為1936年8月22日，其中包括一架圓柱形飛機的草圖和描述，該飛機兩側帶有舷窗，並在意大利北部上空發出白色和紅色的燈光。透過

拼湊這些神秘文件，皮諾蒂能夠確定位於米蘭衛星城市馬真塔郊區所謂飛碟墜毀地點附近的Vergiate的SIAI Marchetti，很可能是存放所謂殘骸的地點。該地點在第二次世界大戰期間奇蹟般避免了盟軍的定期轟炸襲擊，有研究者認為梵蒂岡將飛碟情報告知美軍，使到該地區避免轟炸，從而迴避戰後的軍事審判。直到 1944 年才被戰略情報局（OSS戰略情報局，美國CIA前身）的特工收回，一年後的 1945 年美國和英國軍隊佔領了該地區。這宗於1933年在意大利北部馬真塔發現一艘大約十公尺大小的鐘狀飛船的事件，一直由墨索里尼政府保管，秘密保存達90年，直至皮諾蒂收到資料，近年才公諸於世。諷刺的是，它早於羅滋威爾事件十幾年，在這幾十年從來沒有公眾知道這件事情。

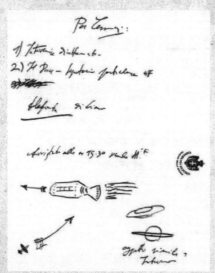

皮諾蒂收到了帶有政府機構信頭的手寫紙質備忘錄，日期為1936年8月22日，其中包括一架圓柱形飛機的草圖和描述，該飛機兩側有舷窗，並發現飛越意大利北部的白色和紅色燈光。

13

再看另一個証據，馬可•內格里（Marco Negri），他家人在意大利北部生活了一個多世紀，他説，他的曾曾祖父向父親講述了1930年代一架奇怪的沒有機翼的金屬飛機在馬真塔墜毀的故事。42歲的馬可説，他的祖先彼得羅•內格里（Pietro Negri）從1920年代到1950年代擔任阿羅納市長，距離所謂的殘骸存放地韋爾賈特（Vergiate）不到10英里，距離所謂的墜機地點約30英里。馬可説：「我的曾曾祖父彼得羅從小就給我父親講過一個關於1933年那場奇怪墜毀的故事。」「這是90年代初我還是個孩子時父親給我講的二手故事。但這與飛碟墜毀事件的故事相符。有人告訴我，一架沒有機翼的奇怪金屬飛機在韋爾賈特和馬真塔之間的某個地方墜毀。我被告知對這次事故進行了嚴格的審查。法西斯秘密警察被派往週邊城市，讓人們對此保持沉默。」馬可説，他和他的家人否認他們祖先的法西斯過去，並補充説，皮特羅作為該鎮及其警察部隊的負責人，意味著他能夠看到有關墜機事件的電報和相關資料。馬可説，他的曾曾祖父於20世紀50年代去世，他的父親和其他年長的家庭成員也去世了，他講述了他的故事，但沒為這個故事提供任何佐證。這位倫巴第居民説，他曾曾祖父的故事還包括皮諾蒂也描述過，但沒有提供細節：在飛船內發現了兩具金髮屍體。馬可説，他的祖先將它們描述為兒童大小，而皮諾蒂在飛碟會議上的演講中説，它們大約有５尺９寸高，淺色頭髮和眼睛。

皮諾蒂的説法在UAP的討論中一直沒有引起人們的注意，但是似乎與美國前情報官員大衛•格魯施的驚人指控互相吻合，後者最近聲稱意大利飛碟是美國太空總署（NASA）發現的第一個此類物

SENATO DEL REGNO

Caro De Santi,
ti trasmetto, come richiesto e concordato a voce,
la nota per tua regola.
Non farne copie. Non parlarne neppure al tuo vice.
Per ogni questione che abbia a che fare col Gabi-
netto RS/33, passa prima da me. Ho battuto io perse-
nalmente a macchina queste righe per non esporle
all'occhio (bistrato ma femmineo/...) delle mie
segretarie. Quindi, regolati di conseguenza...

發送給皮諾蒂的文件提到了一個名為「Gabinetto RS/33」的神秘政府部門，據
稱是由意大利獨裁者設立的。

體。這位前國家偵察辦公室工作人員還表示，他掌握了美國一項秘
密計畫的證據，該計畫已獲得多個「非人類」飛碟。格魯施說「我
認為這完全是瘋了，一開始我以為我被欺騙了，這是一個詭計…人
們開始信任我，接近我。有很多高級、前情報官員來找我，其中許
多人我幾乎在整個職業生涯中都認識，他們向我透露他們是某個計
劃的一部分。」

　　眾議院監督委員會正計劃舉行聽證會來討論格魯施的指控。佛
羅裡達州參議員馬可・盧比奧表示，除了格魯施之外，其他情報界
成員也提供了有關不明飛行物體的第一手資料。

　　UAP被美國政府承認後，令民眾重新燃起興趣。美國NASA的

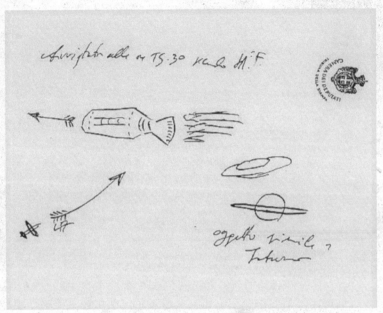

1936年事件官方文件

一個獨立小組一直在研究這一神秘現象，並在2023年5月表示，因缺乏高品質數據，研究受到阻礙。五角大廈的一份報告發現了包含無法辨識物體的圖像，但沒有得出這些圖像與外星人有任何關係的結論。儘管格魯施聲稱並發佈了單獨的視頻，但國防部並未對回收的外星飛船有任何解釋。這次1933年意大利飛碟墜毀事件，除了將美國政府擁有外星飛碟的時間推前十多年，而且令納粹飛碟的陰謀論有更多的引証！意大利和德國比美國更早擁有外星科技，甚至曾經共同研究飛碟，這件事件的發展，希望在未來日子中有更加多証據被研究者發掘出來。

秘密太空計劃的起源背景

　　納粹政權倒台後，第一篇關於納粹不明飛行物的參考資料來自意大利科學家、渦輪機工程師、火箭和火砲製造專家、墨索里尼時期的經濟部長朱塞佩·貝魯佐（Giuseppe Belluzzo）所寫的一系列文章。1950年3月24日，《意大利日報》頭版刊登了一篇長文，其中意大利工程師朱塞佩·貝魯佐（多次擔任墨索里尼政府部長，以及參議員和1948年制憲會議成員）發表講話明確談到希特勒的不明飛行物，甚至他個人參與1942年球形飛機開發計劃：「在這個時期，人們不斷談論飛碟。我不相信這些是外星起源，因為我自己駕駛過一架⋯⋯它的速度超過了 3000 公里/小時，因為它在空中沒有遇到任何阻力。」

1950年3月24日至25日的《意大利日報》發表了一篇長文，貝盧佐首次談到希特勒的不明飛行物及其在歷史中的作用。

希特勒和墨索里尼就曾進行過攜帶遠程彈體的飛碟試驗。不幸的是，貝盧佐哀嘆道：「這些計畫在墨索里尼飛往意大利北部的過程中遺失了。目前，它們可能正在被某些有研究目的的大國手中擊落。」在貝魯佐寫到先進的渦輪後不久，德國主流媒體《明鏡》（Der Spiegel）於1950年3月29日也對納粹飛碟事件進行了追蹤報導。德國工程師魯道夫（Rudolf Schriever）對記者說，在1945年他逃亡捷克斯洛伐克前，納粹飛碟項目就已由他帶隊設計完成，並交由寶馬的布拉格工廠生產。他在1945年2月14日親眼目睹了這艘飛船的首次載人飛行，當時它在3分鐘內爬到了12400米，飛行速度達到了2200公里/小時。此後該飛碟被捷克特工所盜，不知所蹤。

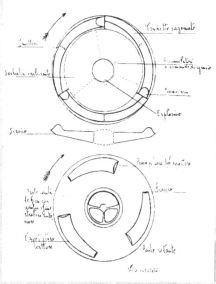

貝魯佐（Belluzzo）的UFO設計圖紙

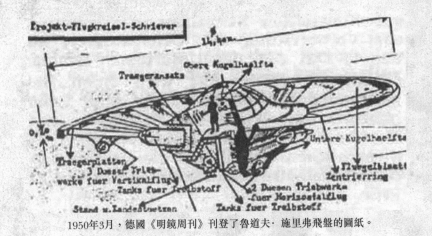

1950年3月，德國《明鏡周刊》刊登了魯道夫‧施里弗飛盤的圖紙。

　　為何納粹德國擁有這麼高的科技來製造飛碟？我們不妨從19世紀說起，這個年代正是秘密太空計劃開始的世紀，此時德國全境仍然是處於一個分裂的狀態，大大小小的幾十個王國各自統治着自己的領土。這幾十個王國中，最大的兩個王國是「普魯士王國」和「奧地利帝國」。1866年，普奧戰爭打響，歐洲的「普魯士王國」和「奧地利帝國」正式開戰，其結果是，奧地利被普魯士給打敗了。隔年1867年，「奧地利帝國」就和「匈牙利王國」組合成了一個國，也就是我們所熟知的奧匈帝國。這期間普魯士王國四處征戰，雖然屢屢得勝，但奧匈帝國的成立，使局勢發生了變化。所以即使是贏得了普奧戰爭，普魯士也沒有能力吞併奧匈帝國，因此普魯士在贏得普奧戰爭後便沒有再進一步攻打奧匈帝國，而是選擇在1870年使用激起民族仇恨的方式誘導法國對自己宣戰。和法國開戰後，普魯士王國迅速贏得了戰爭，這一場和法國的戰爭就是「普法戰爭」。法國吃了敗仗後，法國人馬上發動了階級革命，隨後「法蘭西第二帝

19

國」滅亡，並建立巴黎公社，成立了「法蘭西第三共和國」。沒過多久，到了1871年，兩國簽署了停戰協議，普魯士的國王則直接進入法國的凡爾賽宮加冕稱帝，自此德國統一，這就是「德意志第二帝國」，當然這裡面不包括奧匈帝國，因為普魯士並未吃下奧匈帝國。

秘密的太空計劃首次現身地表

現在我們把時間再往前推一點，也就是1820年到1830年這段時期，這時的普魯士王國已經很強大，工業和科學技術在當時也非常先進，而最早期的秘密太空計劃正是在這個時間點出現的。普魯士是後來德國的一部分，這國家有非常強大的工業，非常先進科學化，它是19世紀已經開始的第一個秘密太空計劃的發生地。大約1820-1830年，在很早以前一些事情已經起步，這都是秘密進行的，是普魯士軍方製造大型兵器的秘密計劃。在普魯士的軍隊中，有一個派系是可薩人主導的軍事派系，可薩人現在稱為德裔猶太人，亦是現在主導世界最頂尖的權貴。為了更好的理解，我們在這裡先簡單介紹一下可薩人，這些人來自位於裡海和黑海之間的高加索地區，就是現在的車臣，阿塞拜疆，格魯吉亞等國所在的地方。

從高加索門戶入侵的，到達現在俄羅斯和烏克蘭境內建立可薩王國，他們開始四處燒殺擄掠，無惡不作，將世界各地的女神文化摧毀殆盡。他們因在亞拉伯和拜佔庭帝國之間，所以可薩人假裝信奉猶太教，最後因為他們所造的惡行，而被基輔羅斯公國（俄羅斯）所消滅。可薩人一路逃亡，逃行到現在的德國境內，而他們為

了掩飾身份，自稱為德裔猶太人。時至今日，可薩人成為陰謀集團的一部分，掩蓋刪改了他們的歷史，很多網絡百科上的記錄也都是有問題的。以上是可薩人大致的起源介紹，現在我們回到19世紀的普魯士，正如之前我們所講的那樣，1820年至1830年期間的普魯士，有一個可薩人（德裔猶太人）的軍隊，它們擁有極為強大的軍事科技實力，靠着可薩人的軍事力量，普魯士最後成功的統一了德國。然而統一德國對可薩人來說算不了什麼，他們真正的野心是統治全世界，甚至統治地球的外層空間。於是他們在軍隊內部開啓了一個秘密的太空項目，開始着手研發宇宙飛船。相信讀者有疑問，為何可薩人會知道這些高科技和太空知識？可薩人利用貿易往來從亞拉伯和拜占庭手中獲得很多埃及，古共濟會和各類秘術的知識。

在15、16世紀，德國銀行家開始跟隨西班牙等航海大國到達南美洲，他們除了尋找黃金之外，更找到地下王國，傳聞他們接觸到居住地底的民族。從地底民族得知上一代文明知識和製造飛行器的方法，這就是近代德國為何成為科技大國，能製造眾多高科技武器的原因。雖然是科技強國，但是依然不能製造出飛行器，到19世紀德國派了很多探險隊一直探索南美洲，這些德國探險隊一直與地下文明接觸，甚至殖民到地底世界。傳聞二戰後盟軍和南美抵抗部隊清理南美地下基地時，遇到了德國探險家遺留的後代子孫。他們住在地底下，還在地底下蓋了房子。他們還過了19世紀的生活，過着傳統的聖誕節和德國傳統節日。南美從19世紀以來就是德國探險隊的探索重點。他們在阿根廷、墨西哥買了很多土地和農場。在阿根廷買了大量土地，目的是為了隱藏早期的飛船計劃。他們建造很大

的穀倉，可是穀倉裡面沒有牛，而是在裡面建造飛船。傳聞中納粹黨戰敗後逃亡去南美洲就是為了這原因。

NYMZA與索諾拉航空俱樂部

這裡需要要注意的是，世界上第一架飛機是萊特兄弟在20世紀的1903年發明的，而我們現在所講的時代還處於19世紀，是距離飛機出現幾十年前的事情。那時有一個秘密社團叫「NYMZA」，社團外的人都不知道這幾個首字母N-Y-M-Z-A具體代表什麼意思。這個秘密到現在只有很少訊息，只知道他們擁有財力提供資助研發飛行器，在美國由德國人所組成，有研究者相信這羣人擁有高於人類科技的知識，讓他們開發出了一些領先全球幾十年的飛行工具。索諾拉航空俱樂部The Sonora Aero Club，就是秘密社團NYMZA延伸出來的團體，NYMZA負責監督這個俱樂部所有初級成員的工作，並制定了嚴格的規則，不允許任何人泄露他們正在開發太空船的秘密。

他們開發出一種稱之為N.B.的神秘反重力氣體物質，似乎可以當成飛船的動力來源，而他們也致力於製造一艘使用這種「NB Gas」的反重力太空飛船，根據查爾斯•德爾紹（Charles Dellschau）介紹，其中一名成員是發明家兼飛行員彼得•門尼斯（Peter Mennis），他發現了一種反重力燃料的配方，稱為神秘的「NB Gas」。由於門尼斯英年早逝，索諾拉航空俱樂部於1860年代解散，並且門尼斯並沒有寫下該神秘配方，該俱樂部無法繼續研發飛行器。由於

當時人類在各個領域的科學技術的限制，第一艘太空船製作得相當粗糙，所以無辦法能夠成功運行。傳聞特斯拉（Telsa）與NYMZA有過聯繫，他當年更試圖製造一艘能飛行到火星的宇宙飛船。特斯拉的夢想並沒有成功，JP摩根隨後就停止贊助特斯拉。

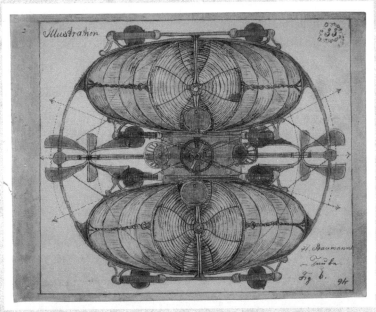

查爾斯・戴爾紹（Charles Dellschau）是秘密社團索諾拉航空俱樂部的繪圖員，成，聚集在一起討論和設計飛行器。他們發現了一種反重力燃料，稱為「NB Gas」。

　　無線電之父——馬可尼曾經是特斯拉的學生。當他見識過陰謀集團對特斯拉的無理待遇之後，馬可尼假裝死亡，秘密和其他人，包括法國的鍊金術士——富爾卡內利（Fulcanelli），在1937年搬遷到南美洲，並且在安地斯山脈建造了一座地下城市。

查爾斯‧德爾紹（Charles Dellschau），1830年出生於普魯士，他的書寫語言是英語、德語、法語的混合體，有時甚至是用語音翻譯。德爾紹留傳下來的資料之中，有許多地方提到了一個看似神秘的投資者團體，他們至少部分資助了索諾拉航空俱樂部的發明者；他稱該團體為「NYMZA」（但只用密碼寫下其首字母縮寫）。很多研究者估計如果NYMZA是一個縮寫詞，那肯定是一個奇怪的縮寫詞：雖然很難不把前兩個字母讀作「紐約」，因為紐約是當時世界的投資之都，但「MZA」部分感覺更像是德文的縮寫。如果「M」是德語單字的第一個字母，可能是「mechanisch」或「mechaniker」。同樣，「Z」可能代表「zunft」（公會）、「zirkel」（圓圈）或「zeich-ner」（繪圖員/設計師）。最後「A」是否代表「Assoziation」？這些推論直到現在依然沒有証據，來証明這個秘密社團的存在。德爾紹是「索諾拉航空俱樂部」的成員，由於NYMZA嚴格的保密措施，直到1899年退休後，他才把索諾拉航空俱樂部的活動給寫了下來，不過他是通過符號，密碼和圖像等加密的方式寫出來，最後創作出至少13本筆記，包括素描、水彩畫和拼貼畫。在他去世後直到1960年代，這些筆記和資料都沒有人動過，也無人知曉它們的存在，後來他們家裡的一場火災使得這些筆記和資料被當成垃圾給扔在街上。幸好一個古董經銷商發現了它們，並花100美元從收垃圾的人那兒買回了這些筆記。後來逐漸的，查爾斯‧德爾紹的作品被大眾所知曉，關於他的傳聞也四處散佈開來，不過很多人僅僅把他當成是一個藝術家來看待，並把他的筆記和繪畫資料當做是藝術作品。然而，德爾紹和索諾拉航空俱樂部成員因為當時的科技限制和其它各種各樣原因，19世紀的人們並未在地表世界造出能夠跨星際的太空

飛船，但他們並沒有放棄，依然試圖能突破地球的限制飛上太空。

20世紀初，世界被搞得一團糟，接連發生了第一次世界大戰和第二次世界大戰，不同勢力的代理人在地表的活動也很頻繁，有時一個團體裡會有多個勢力同時交織在一起。很多人對德國近代關於20世紀的某一部分歷史有着極大的誤解和扭曲，因為一方面陰謀集團掩蓋並纂改了很多歷史書中的內容，一部分是真的，又摻一部分假的，然後剩下的東西大家根本不知道，我們接下來會就提到一些相關的部分。

上世紀60年代之間，很多人類極為成功的太空計劃，很大程度上歸功於兩名物理學界耀眼的明星：赫爾曼•奧伯特博士（Dr. Hermann Oberth）和沃納•馮•布朗博士（Dr. Werhner Von Braun），在當時，他們的名字本身甚至是代表着火箭技術，以及空間技術的代名詞。這兩人都是在二戰中為希特勒的第三帝國研制彈道導彈而聞名於世的。然而這兩個人都曾公開地表示，他們在科研領域的成就並不屬於自己。他們，曾經獲得過特殊的「協助」。

赫爾曼•奧伯特博士曾說過："We cannot take the credit for our record advancement in certain scientific fields alone, we have been helped."（我們不能把我們在某個領域的創紀錄的成就歸功於自己，我們曾經受到過協助）。當人們問到，是誰協助了他們？赫爾曼•奧伯特博士的回答是："the people of other worlds"（來自另一個世界的人們。）

25

沃納・馮・布朗博士也提到過非常相似的話："We find our-selves faced by powers which are far stronger than hitherro assumed. and whose base is at present unknown to us. More I cannot say at present. We are now engaged in entering into closer contact with those powers, and within six or nine months time it may be possible to speak with more precision on the matter."（我們發現自己面對著比目前已知的強大得多的力量，而他們的基地在哪我們還不知道。我目前不能透露更多。我們現在正在和這些力量進行進一步接觸，在六個月或者九個月之後，我有可能能更精確地描述我們遇到的事態。）以上是赫爾曼・奧伯特博士和沃納・馮・布朗博士對「來自其他世界的人們」的描述。這是無數UFO愛好者，在嘗試找到納粹第三帝國和外星文明之間的聯繫的證據過程中，在眾多捕風捉影的證據中，為數不多的，得以公開的確鑿證據之一。

在一戰結束後不久，在德國出現一股神秘學風潮的組織，這個組織成立的目的是宣傳「水瓶座時代的到來」。他們堅信，水瓶座時代的到來會將人類引入一個新的時代；一個精神文明、科技文明大解放、大發展的時代。這些神秘社會組織的人相信，在遠古時期被遺忘的文明曾經擁有遠超現代文明理解範圍的超級技術，那些技術可以讓人類控制海洋，控制天空，甚至進行跨星際的旅行。當時有一本小說出現，將整個水瓶座遠古文明的構想彙編成書，名為《即將到來的種族》（Vril: The Power of the Coming Race）。在書中寫道：「也許我應該叫它 Vril，除此之外它還囊括了我們的已知的科學的能量，比如磁力，電化學反應等等。」「在這裡的人們認為，在 Vril

中的人們已經達到了自然和能量的統一狀態，一種很多地表的哲學家曾設想過的狀態。」很多人堅持相信，書中的故事不是科幻小説。作者愛德華・布爾沃李頓（Edward Bulwar-Lytton），作為一個資深考古研究者，他相信，消失的雷姆利亞文明和亞特蘭蒂斯文明的碎片仍然存在著，一些在西藏，還有些散布在戈壁的荒漠中。而事實上，在印度的古記錄中，記錄著在大洪水發生前，有很多偉大的文明曾經存在於地球。而這些文明，擁有遠超當前文明理解範圍的高級科技。比如古印度Samarangana Sutradhara所描述的，就是建造一個神奇的飛行器械過程中發生的事情。以下是文中的描述：「堅固而有韌性的維摩那（Vimana）的主體建好了，就像用光造成的巨大的正在飛行的鳥。在內部是機體的水銀引擎，人們必須加熱其底部的金屬設備以啟動它。通過渦輪的轉動，人們可以啟動潛伏於水銀內的能量。這樣，人可以坐在裡面，在天空中飛行很遠的距離。維摩那的運動方式是這樣的：它可以垂直升降，或者斜向前移/後退。在這些機械的協助下，人類可以穿越大氣層。這樣來自天堂的生命可以降落到地球。」二戰期間，在德國東部地區的研究學者對印度遠古科技開始進行研究，納粹對遠古文明投以極大關注，當時最出名的兩個研究組是「圖勒協會」和「維利會」。在一戰和二戰之間的那段日子，德國投入了極大力量來尋找這傳說中的飛行器維摩那，以及推動它的能量維利能源（Vril），繼而尋求通過當代技術實現它的方法。他們認為，Vril能源不僅會讓德軍擁有全世界領先的科技地位，而且最終會幫助德國從當時的兩個敵對國家——美國和英國所主導的能源短缺困境中徹底解脱出來。

在圖勒聯盟和維利1研究組的主導下，德國最終決定展開一項計劃，對遺失文明——亞特蘭蒂斯展開科研領域的技術研究。該項目名稱為「精神能量驅動技術」（Spiritual-Dynamo Technology）。這是比傳統機械方式運作先進得多的「超現代」科學。研究的目的是重新找到那遍佈在全宇宙中的免費能源，從而讓這些能源可以被現代社會使用。研究組的核心成員舒曼博士（Winfried Otto Schumann）對此是這麼描述的：「在我們所認知的一切事物中，都有兩個對立因素決定著事件的發展方向；光或黑暗，好或壞，創造或毀壞……在電子層面，有正電極和負電極……總是這樣，這個…或者那個。任何屬於毀滅的東西都是邪惡的，而任何創造性的東西都是神聖的。也因此，任何用於毀滅事物的技術都應被看作邪惡的。即將到來的新時代會是一個新的、正向的，以神聖技術為主導的世界……」因此，這些德國的秘密社會將以下原則作為最基本的準則：設法找到Vril能量，以和諧的方式而運作，構成基本生命的能量之源，並將之運用在人類的日常生活中。

提到20世紀初的秘密太空計劃，就不得不提到其中一個關鍵人物，她就是瑪麗亞•奧西奇（Maria Orsitsch），這個人在20世紀初的歷史中扮演了一個極為重要的角色，但在歷史教科書中卻隻字未提。瑪麗亞•奧西奇，外文名字常見的是「Maria Orsic」，因此也有翻譯成瑪麗亞•歐錫克，實際上她叫做「Maria Orsitsch」。瑪麗亞的父親是托米斯拉夫•奧西奇（Tomislav Orsitsch），是一個克羅地亞人。1890年，瑪麗亞的父親是一個建築師，當時正住在克羅地亞的首都薩格勒布，他的辦公室位於耶拉契奇總督廣場，那時大克

羅地亞還處於奧匈帝國的統治之下。1894年，托米斯拉夫準備前往奧地利的維也納，在旅途中他遇到了一個非常年輕漂亮的芭蕾舞演員，名叫薩冰(Sabine)，他們倆一見面就墜入愛河，不久後就結婚了。大約一年後，1895年的10月31日，薩冰生下了一個非常漂亮的金髮女孩，他們給這個女孩取名叫瑪麗亞•奧西奇，而托米斯拉夫則把自己改名叫托馬斯。十幾年過後，瑪麗亞長大了，她的美貌驚為天人，比當時所有的荷里活女明星還要漂亮，我們現在看到的這些瑪麗亞•奧西奇的照片，實際上是在數十年後的一本書中刊登的。那本書叫做《神秘學大全》，作者是路易斯•保維爾斯（Louis Pauwels）和賈克•伯傑爾（Jacques Bergier）。這本書於1960年問世，在1967年的版本中，書裡首次刊載了瑪麗亞•奧西奇的真實歷史照片（順便提一下，照相機是在1839年問世發明的）。

時光回到20世紀初，世界瀕臨第一次世界大戰，說到一戰，這裡就得提一下奧地利皇后伊利沙伯（Elisabeth von Österreich）。奧地利皇后伊利沙伯是地表歷史上第三位高等女祭司，高等女祭司是完整知曉女神奧秘的開悟女性，她們對女神奧秘的理解可以大幅影響地球的局勢。伊利沙伯就是典型的例子，她原先是巴伐利亞王國的公主，巴伐利亞就是德國統一前的其中一個王國，後來茜茜公主嫁給了奧地利的皇帝，成為奧地利帝國的皇后。

如同文章開頭所說的那樣，普魯士王國因為可薩人的科技，變得越來越強大，已經威脅到整個歐洲的安全，而黑暗勢力也策劃了很久，它們希望能在20世紀到來之前，就發動第一次世界大戰。這

時伊利沙伯皇后利用自己的影響力，於1867年促成了奧地利帝國和匈牙利王國的統一，奧匈帝國由此建立，而茜茜則同時成為了奧地利和匈牙利的王后。奧匈帝國的成立，讓黑暗勢力密謀的第一次世界大戰計劃往後推遲了數十年之久。而伊莉莎白則是讓黑暗勢力計劃失敗的主要人物之一，這也是為什麼羅富齊家族後來會僱用刺客謀害伊利沙伯。1898年，也就是瑪麗亞·奧西奇大約4歲的時候，伊利沙伯王后在日內瓦被黑暗勢力殺害。到了1914年，瑪麗亞•奧西奇已經19歲，而也正是在這一年德國發動了第一次世界大戰。

圖勒協會（The Thule Society）的起源

　　第一次世界大戰在1918年的11月結束，在這個時間點的前後，圖勒協會為了尋找亞特蘭提斯文明及其後裔雅利人而組成。實際上圖勒協會成立之初是一個非常正面的組織，是為了幫助地球解放，人類進化而存在。那麼圖勒協會這個名字到底又是什麼意思呢？圖勒（Thule）這個詞，人們會認為它是神話傳說中的國度，這個國度的名字叫極北之地（Hyperborea），而協會中人認為圖勒是極北之地的首都，因此圖勒亦象徵着極北之地，不過這只是在民間流傳的說法。那麼圖勒一詞的真正意思又是什麼呢？實際上圖勒就是亞特蘭提斯在古代時候的名字，而極北之地，則象徵了一個遠古的記憶，那是在亞特蘭提斯文明和利莫里亞文明（Lemuria）之前就存在的時代，有一個居住於極北之地的極北民族（Hyperborean），他們居住在地球的以太層中。

　　圖勒協會從遠古的符號，發現很多遠古民族和傳說都有共同的

解釋和含意，各種符號都擁有不同的都力量。圖勒協會選取的符號是卐，是卍反過來的，這個標誌的梵文是「Srivatsa」，英文叫做「Swastika」，卐和卍符號一樣，在各種古文明遺蹟中都有出現過，甚至在5000年前的美索不達米亞哈蘇納（Hassuna）時期的陶器上，就已經刻有這些符號了，這符號真正含義是精神、靈性的進化。而納粹黨相信它擁有力量，能夠令日耳曼民族進化成為接近神的種族。

第一次世界大戰結束的前一年，也就是1917年，圖勒協會建立之時。同時畢宿五星人也已經聯繫上了瑪麗亞，並和她開始溝通交流，太空計劃的曙光慢慢顯現。也正是在這一年，圖勒協會的其中三個成員和瑪麗亞，在奧地利維也納的一家咖啡廳見面了，這三個人分別是：

1. 魯道夫•馮•塞博特滕多夫（Baron Rudolf von Sebottendorf），神秘學者，他和土耳其的各個神秘勢力有很深的淵源。
2. 卡爾•豪斯霍弗爾（Karl Haushofer）。
3. 洛塔爾•魏茲（Lothar Waiz），一戰飛行員和工程師。

這三個人和瑪麗亞•奧西奇遇見了一個教士戈爾內特（Gernot），他來自一個名為聖殿騎士團繼承者的組織，自稱是聖殿騎士團的正統繼承人之一。這幾個人一起討論了一些超越時代的訊息，戈爾內特帶來了關於聖殿騎士的啓示，內容大致是關於雙魚座時代到水瓶座時代的過渡，長達25860年的宇宙年，以及預見未來的一

些大事等等神秘主義的訊息。瑪麗亞也介紹了關於她的心靈感應能力，以及她利用這種能力和其他世界和維度進行交流的事情。

維利（Vril）一詞的來源

　　這篇文章談及維利女士和維利會，那麼「維利」這個詞，到底是什麼意思，又是從哪兒來的呢？圖勒協會跟它又有什麼關聯呢？這一切都要從一個人說起，他就是愛德華•布爾沃•李頓（Edward Bulwer-Lytton），他擁有一顆原先由法國聖殿騎士團保管的Cintamani 如意寶珠（外星隕石），並且他在1871年寫了一本叫做《未來種族》的書，向世人揭示地底阿加森文明的存在。那麼他和「維利」有什麼關係？實際上，他寫的那本書的全名叫做《維利：未來種族的力量》。書的內容寫的是一個探險者意外進入了一個地下世界，那裡面住着像天使一樣的人，他們稱自己為維利-雅（Vril-ya）種族，是上古文明的後代。其實書裡所說的這個上古文明，指的就是亞特蘭提斯，而所謂的維利-雅種族指的是阿加森文明（Agarthans）（阿加森人Agarthans是地球內部的居民，他們有一個高度發展的社會，由古代利莫里亞人和亞特蘭提斯人組成，在地表文明遭到破壞之前就進入了地下生活）。小說裡還描寫了他們生活在高度複雜的地下洞穴網絡之中，有着烏托邦一樣的社會結構，並且靠一種名為「維利」的東西來提供巨大的能量。從書裡的內容來看，這個被稱為維利的能量，和星球大戰中的原力很相似，是一種宇宙的能量，這些能量同樣可以用來驅動太空船，或製造自由能源。圖勒協會裡的人相信地底存在非常先進的文明，他們認為那就是極北之地，而極北之地種族就是雅利安人的祖先，可以駕馭這種被稱為「維利」的能量。圖勒

協會的論述，後來影響納粹的黨衛軍癡迷極北信仰，這就是為什麼我們一說到希特拉，就會想起他的那套雅利安人種族優越論。

雅利安這個詞在很久以前，原本是一個梵文的字根 ārya，意思是神聖的、高貴的，它並非指代某個人種。印度在古時候被稱為「雅利安瓦塔爾」（Aryavarta），意思是雅利安人的居住地。在最初，雅利安人這個詞，大概指的是精神意識水平達到了異常高的人（這當然也包括外星人），而不僅僅是指物質身體的基因和血統。所以納粹黨視雅利安人為人類種族中最純正、最靈性的。希特拉更相信日耳曼民族就是雅利安人的後代，並且在所有人種中最優秀。圖勒協會相信在世界各地的地下都藏有古文明留下的偉大科技，希特拉加入圖勒協會之後，對此非常着迷，所以希特拉後來派納粹兩次前往西藏到處探險就是這個原因。相信納粹是知道某一些秘密才會到西藏；另一方面的南美洲，則是另一個地下文明的入口。納粹希望能在西藏，南美和南極找到先進科技的線索。

在1919年，瑪麗亞・奧西奇搬到德國慕尼黑，和她的未婚夫住在一起。之後瑪麗亞聯繫上了塞博特滕多夫（Sebottendorf），看到這裡不知道大家有沒有忘記，他就是兩年前和瑪麗亞在咖啡館見面的三人中的一人。

正如我們上面所說的，由於圖勒協會非常信仰被稱之為維利的宇宙力量，所以圖勒協會的領袖們非常支持一些精神能力出眾的人，顯然瑪麗亞就是這樣的人。因此圖勒協會對於瑪麗亞所召集的這羣和

她一樣具有精神能力天賦的女性，給與了很大的支持，接着瑪麗亞和她的圈子就在德國慕尼黑組成了一個團體。這個團體叫做全德國形而上學協會（Alldeutsche Gesellschaftfür Metaphysik）。這是一個由全女性所組成的媒介圈，所謂媒介，就是指她們會用心靈感應技術和外星人、高次元、超維度進行溝通，並把外星人要傳達的訊息傳遞給人類。不過這協會，過了一段時間後就改名為維利女士協會（Gesellschaft fur Vrilerinnen Frauen）。在這裡需要特別注意，此時的維利女士協會，指的是由各種懂得心靈感應的女士組成的圈子，而維利會（The Vril Society）是在之後才成立的，它和多年之後被黑暗勢力轉變為以可薩人/光明會所主導的維利會之間的差異，就更令很多人搞不清楚，只顧着看組織的名字都有「維利」這個詞，而完全不知維利會的開始和轉變，核心成員是誰，究竟主導和控制維利會是希姆萊還是瑪麗亞•奧西奇。Vrilernnen通靈組的特點是：成員全是女性，她們都留著一頭長髮。實際上，Vrilerinnen組的成員們也公開宣稱，她們的長髮是接收信息時的「天線」。這些「天線」可以幫助她們和超維度的生命交流。

維利女士協會裡的女性，被稱為維利女士（Vrilerinnen），她們的特點十分明顯，每一個都是年輕漂亮的女孩，並且大多數人都留着幾乎碰到腳跟的、超級長的馬尾髮型，這種髮型在當年可以說是極為罕見，所以後來就成為了維利女士們的共同特徵。她們相信長頭髮是一種天線，可以接受宇宙信號，和外星家人溝通，幫助她們與更高的靈性維度進行接觸。

值得一提的是，維利女士也擁有一顆「如意寶珠」（Cintamani Stone）。傳聞如意寶珠是天狼星裡一顆星球爆炸後產生的碎片，它們和「源頭」直接連接，目前是地表人類所持有的振動頻率最高的寶石。這些寶珠是亞特蘭提的遺產，亞特蘭提斯滅亡後，地底阿加森網絡在這26,000年來一直守護着如意寶珠，並在關鍵的歷史時期，分發給能改變歷史的關鍵人物。26,000年以來，正面的阿加森網絡一直負責看管如意寶珠。綜觀人類歷史，他們好幾次將一部分的寶珠託付給某些最有可能對人類歷史產生最大正面影響力的人類。所羅門王、亞歷山大大帝、阿克巴大帝都曾經持有如意寶珠。後來如意寶珠經過一番交接，最終流轉到了維利女士的手上，而她們也創立了自亞特蘭提斯滅亡後的第一個成功的太空計劃。

　　就在瑪麗亞來到德國慕尼黑的同一年，也就是1919年，羅富齊家族已經盯上了圖勒協會；歷史上邪惡的「納粹黨」，它的前身是德國工人黨，亦誕生於這一年。之後羅富齊家族的特務阿道夫•希特拉就馬上成為了黨內的第55位成員，隔年2月份，這個「德國工人黨」，就被希特勒等人改名為「德意志民族社會主義工人黨」，此黨就是我們所熟知的「納粹黨」，至於之後他們做了哪些壞事，現在已經人人皆知了。換句話說，1919年，圖勒協會的一部分就已經被黑暗勢力給滲透和操縱了，自希特勒加入蘇勒學會後，所有納粹的核心成員幾乎都加入了蘇勒學會，以控制這個組織。這使得原先在圖勒協會裡的成員，最後全部都離開了圖勒協會。

現代秘密太空計劃的起源——溫特山聚會

　　1919年12月，一切都起始於一個在貝希特斯加登（Berchtesgaden）附近的聚會，這個地方在哪裡呢，實際上後來希特勒的「鷹巢」別墅就建在當地附近，並且納粹也在這裡建立了他們的大本營。

　　卡爾‧豪斯霍弗爾在那附近的「溫特山」租了一個狩獵小屋，讓維利女士和黑石領主團的一個代表在那個小屋裡見面，當然裡面也有很多圖勒協會的成員。溫特山這個地方也是一個傳奇之地：溫特山位於德國和奧地利的交界。它是其中一個能量點。幾千年以來，許多溫特山上的洞穴是大型地下隧道系統的入口，而這個地下隧道系統則是地表世界通往阿加森世界的管道。

　　黑石領主團（The Lord Of The Black Stone），德文稱為DHVSS / Die Herren Vom Schwarzen Stein，其實指德裔聖殿騎士團。公元1220年，聖殿騎士舒伯特斯●科赫（Hubertus Koch）在伊拉克的尼尼微一帶旅行的時候，伊絲塔女神在他的面前現身。當時哈蘇納 / 薩邁拉漩渦能量點的中心點就在他的附近。由於當年蒙古人即將侵襲薩邁拉漩渦點，伊絲塔女神就諭示科赫返回德國在溫特山附近修建女神神廟，並且將女神漩渦遷移到神廟附近。女神還送給科赫一顆來自天狼星的如意寶珠，作為女神神廟的鎮殿寶物。後來他和其他聖殿騎士們一起成立黑石領主團，並且擔任寶珠的守護者以及女神漩渦的管理人。

　　黑石領主團們使用會飛的牛作為他們的教會標誌。這個標誌上

的帶翅膀的牛，代表的是金牛座。根據這組織的存檔資料，有可能從中世紀開始，這個組織就已經和金牛座的畢宿五建立起穩定的聯繫。假設在金牛座畢宿五確實有高度發展的文明確實存在著，那麼他們和納粹黨建立聯繫，並從背後支持德國的目的是什麼呢？

黑石領主團們使用會飛的牛作為他們的教會標誌。

根據資深研究者溫戴爾・斯蒂文（Wendelle Stevens）的描述，畢宿五和人類建立聯繫的目的並不是為狂熱的納粹組織提供軍事支持。事實恰恰相反，當時畢宿五星人發現地球文明中有一股對金錢近乎狂熱的崇拜，這種崇拜不斷加劇著地球上人類的衝突和戰爭。

為了緩解地球上這種歇斯底裡的狂熱帶來的災難，畢宿五星人答應提供給地球免費清潔能源技術，大規模高速交通系統技術，以及革命式的工業制造技術。他們希望這些科技可以給人類社會帶來繁榮，促進各國間的友誼，並希望以此減少地表文明劇烈的戰爭衝突產生的悲劇。很明顯，這個目標和Vril組織成立時所設定的目標非常吻合（Vril組織成立的目標是：通過新型科技的變革建立一個烏托邦式的新社會）。

說回這個聚會，陪同瑪麗亞來到聚會的還有一個叫西格倫（Sigrun）的維利女士，她們向與會的來賓們展示了兩份手稿：一份來自聖殿騎士團，裡面是關於製造飛行器所用的數據信息；另一份則是從畢宿五星人那裡接收的。瑪麗亞聲稱自己接收到來自一顆畢宿五（Aldebaran）的信息。畢宿五位於金牛座星系群中，距離地球大約68光年距離。瑪麗安所獲得的信息中，一部分是用她所不認識的類似古代德經文的文字編寫成的。另一部分文字似乎是以古代東方的某種文字撰寫的。圖勒協會中的一位古巴比倫文化的研究者迅速辨認出，這是古蘇美爾文字。然後，瑪麗亞和維利女士協會的另一位成員西格倫迅速投入到訊息的翻譯任務中。她們發現，信息的內容包含了如何建造一艘奇怪的碟形飛行器和包括一個革命性引擎的製作藍圖，它可以為太空船提供跨星際旅行所需的動力。瑪麗亞•奧西奇解釋說，這些內容都是和畢宿五星人的心靈感應通信中得到的，她寫下了這些內容，另一位維利女士西格倫則收到了一些清晰的飛船圖像，用來幫助理解文字內容；她們認為這些信息是用來建造太空船的。

後來一些同意蘇勒學會協議的科學家就開始參與研究，其中包括舒曼博士（Winfried Otto Schumann），我們經常留意的舒曼共振，就是他研究出來的。科學家們認為這些手稿裡的數據確實可以建造出一艘太空船，於是在卡爾•豪斯霍弗爾等人的推動下，維利會（The Vril Society）成立。舒曼博士和他在慕尼黑大學的圖勒協會的合作者們一起，對這些來自另一個世界的設計藍圖進行了潛心研究。他們意識到，這些通靈信息提供的藍圖從物理學角度確實可以成立。在接下來的數年中，他們投入了大量精力，嘗試著將這些來自通靈信息的藍圖變為現實。

　　瑪麗亞和舒曼博士的科學團隊得到資金協助後，馬上就開始著手研究飛船。舒曼博士認為，在任何事物中，都有兩個決定事物的原則：光明與黑暗，善與惡，創造與毀滅，就像電一樣，有正與負，總是非此即彼。因此他們要使用的技術手段也需要遵循其中一種原則，要麼是基於創造性的，要麼是基於毀滅性的。他們認為一切毀滅性的東西都是源於撒旦，而一切有創造性的東西都來自於神聖，所以任何基於爆炸或燃燒的技術都是邪惡的，這種基於向外部爆炸的技術是毀滅性的。那時的維利會、舒曼博士、瑪麗亞均希望他們使用的技術是基於神聖原則的，聖殿騎士團也相信這種說法。在此原則之下，他們於1922年的夏天，成功製造出一艘碟形的飛行器，就如我們上面所描述的那樣，它的引擎是基於神聖原則，不會燃燒、破壞和消耗任何東西。

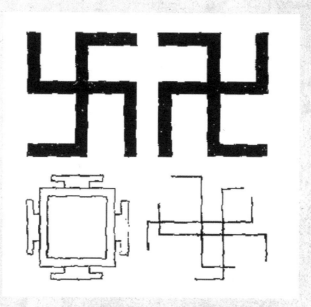

卍字記號的起源非常古老。希特勒也在國家社會主義德國的旗幟上使用卍字，他看
到了這個符號的價值，因為納粹主義聲稱歷史上的雅利安人是現代德國人的祖先。

　　這架跨時代的飛行器叫做JFM（Jenseits Flug Maschine），Jen-
seits的意思是超越，Flug是飛，Maschine則是機器的意思，合起來就
是「超越飛行機器」。實際上這架飛碟有三層圓盤構成，中間一層是
直徑為8米的圓盤，上層圓盤的直徑是6.5米，下層圓盤的直徑則大約
為7米。三層圓盤的中心有一個1.8米的洞，上面那個凸出來的東西，
就是埋放在這個洞裡的飛船驅動器，有2.4米高。它的底部中央是一
個類似於錐形的東西，當飛船激活後，最上層的圓盤和底層的圓盤會
以相反的方向旋轉，形成電磁旋轉場。飛船引擎的開發是由慕尼黑工
業大學的舒曼博士負責的，他開發出一種懸浮裝置，並稱其為「舒曼

SM-懸浮器」（Schumann SM-Levitator）。

他們製造的這第一艘JFM飛行器只搭載了引擎的組件，並對其進行了很長時間的測試，在測試的過程中，他們發現這艘飛船的引擎具有反重力和扭曲時間的能力。飛船的周圍可以形成一個強大的場域，這個場域是獨立於萬有引力和電磁輻射等其它一些物質的。換句話說，它可以自由自在的進行移動，即使你突然瘋狂加速飛船，坐在飛船裡的人也感覺不到加速度的存在，不像我們乘車，一踩油門就會有明顯的加速感，顯然飛船裡的場域是獨立於外部環境的，因此不會受到引力的干擾。後來毫無預警地，JFM飛行器被拆解，並運送到梅塞施密特公司（Messerschmidt）在奧格斯堡（Augsburg）的工廠裡進行進一步研究。RFZ II的設計成果迅速被希特勒的第三帝國篡取，設計任務轉交給了納粹軍的SSE-IV部門。RFZ II最終在1934年試飛成功。

在維利會和圖勒協會的「烏托邦」思想啟發下，阿爾道夫 • 希特拉在德國的社會黨陣營中迅速取得了廣泛的支持。然而，希特拉並沒有如他承諾的將人類帶入烏托邦般的經濟體系。相反，他用裝甲坦克部隊將整個歐洲，甚至整個世界都拖入了二戰泥潭。維利會和圖勒協會都獲權繼續他們的研究。這兩個組織所進行的，研發以「維利」能源為技術的蝶形飛行器的研究項目一直沒有中斷。研究過程中，他們和德國空軍的狂熱主戰派間為爭奪研究基金摩擦不斷。二戰中，維利會和圖勒協會的研究也有了相當程度的突破。其中「Aero-Technical Unit V-VII」是他們這個時期研究成果的一個

代表。「Aero-Technical Unit V-VII」算是一種混合型「飛碟」。它的推進系統由外部反重力引擎系統和渦輪噴氣發動機系統構成。而渦輪噴氣發動機系統成為後來直升機的引擎前身。儘管這些怪異的飛行器中，有一些確實飛上了天空，但絕大多數飛行器僅能勉強在空中保持平穩，而非自由飛行。1941年，第一架 Vril II 飛行器首次成功試飛。這架飛行器用「舒曼懸浮引擎」（Schumann-Levitator Drive）完成它的升空過程。這架飛行器的飛行過程和人們通常描述的UFO非常接近：蝶形的輪廓，飛行的時候閃爍著不同顏色的光，有時候在橘紅色和綠色間變換，有時是藍色和白色；同時它也能進行90度急轉彎——典型的UFO特徵。

金色星際載體和兩艘偵察船，透過加州帕洛瑪花園上空的6英尺望遠鏡拍攝。

　　希特拉控制德國後禁止秘密結社，因此維利會和圖勒協會都安排在黨衛軍SSE-IV部隊之下。維利會也被秘密地稱為Die　Kette鏈，維利會負責與其他納粹部門聯繫。維利會與Abwehr（德國軍事情報機構）、阿納納貝（Ahnenerbe，全名祖先遺產學會，1935年由

希姆萊組成，是黨衛軍神秘局），而阿納納貝的頭領德國海軍上將威廉●卡納里斯（Wilhelm Canaris）和維利會有著密切的聯繫，並與Arado的工程師一起工作。接下來的研制階段發生在1941-1944年之間，該系列稱為哈伯飛碟系列（HaunebuII），飛行器的引擎被稱為「Thule-Tachyonator」。第三帝國或魏瑪共和國關於Vril社團存在的歷史記錄受到質疑，因為1945年盟軍技術情報小組奉命回收所有留下的維利文件和硬件，然後系統地銷毀維利會和圖勒協會的所有剩餘痕跡。他們的黨衛軍SSE-IV部隊對應資料也被西方盟軍沒收，但在軍事檔案分類系統下單獨分類和劃分。由於維利會和圖勒協會均早於黨衛軍技術部門，他們的存在和歷史人物記錄都必須在盟軍佔領下被銷毀，因為如果允許他們對社會進行改革，這些神秘社會就會對去納粹化構成極大威脅。後來有人在一些德國工業公司的賬簿中發現一個代號為JFM的項目，顯然指的就是人類第一艘太空飛行器JFM，而這艘JFM，也象徵着秘密太空計劃的真正起航。

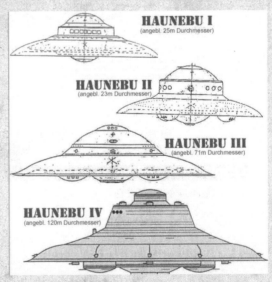

Haunebu的概述圖

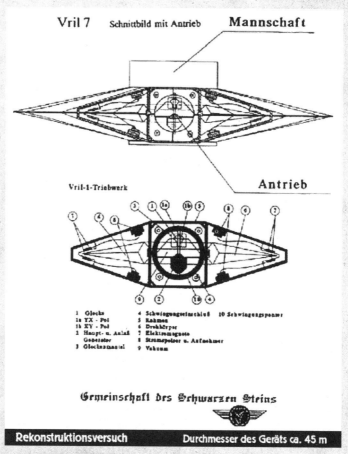

Thule Triebwerk驅動系統圖

Chapter 2

納粹神秘學

納粹神秘主義的由來

納粹，二次世界大戰震憾全球的名號，很少人知道，這組織內部要員的思想與決策，往往充滿神秘主義色彩。

講到納粹神秘主義的確切內容，其實它混雜了許多不同成分和元素，涉及異教主義、失落文明崇拜、《聖經》預言等等，不一而足。要疏理起來，可謂千頭萬緒，不容易說得清楚。

不過，大體而言，納粹神秘主義的核心內容可分為兩種：第一是「極北之地」，第二是維利力量（Vril）。

納粹神秘主義相信，維利力量源自地球內部的地心世界。納粹骨幹成員認為，地心世界的居民是雅利安（Aryan）人始祖，他們擁有一種超級力量，那就是維利力量。

納粹黨的許多高層人士，包括元首希持拉皆深信，若能掌握這股力量，無疑踏上征服世界的捷徑。此所以納粹黨成立後，他們不斷派遣探險隊伍及科學家前赴兩個地方進行調查。

兩個備受納粹關注的地點，分別是南極和西藏。他們為何如此

沉迷這種傳說？為何鎖定南極和西藏為目標？

1945年4月，時為二次大戰的末期，亦是柏林戰役的最後階段。當時蘇聯軍隊攻入德國柏林的心臟地帶，其中一批蘇聯士兵衝入一個半炸毀的廢墟進行調查，那是納粹黨的一個政府機構大樓。

當士兵進入地下室，他們發現一些很不尋常的屍體，好些屍體都是燒焦了的。這些屍體，原來是西藏和印度僧侶。

經調查後，蘇聯軍方了解到，該地下室正是納粹黨旗下專門研究雅利安人起源的機構所在，名為「先民遺產基金會」。

此基金會約於1938年成立，曾斥巨額資金協助納粹黨及奧地利的科學家前赴西藏多次考察。

同月，在奧地利薩爾斯堡，亦有美軍發現數架HE277遠程轟炸機。軍方相信這批飛機曾用作進行秘密任務，任務很可能是飛往一些神秘地帶。從部分德軍口中所知，其中一架飛機的目的地是亞洲遠東的山區

雖然此兩宗發現頗為神秘，但蘇聯及美軍並未進一步查出什麼，此事逐漸不了了之。

納粹黨派探險隊前赴西藏所為何事？從一些紀錄片中，我們可

見到納粹軍人在西藏與僧人交流，包括觀察僧侶的日常生活，為當地人量度記錄，比如頭骨闊度、身高等。

從歷史影片中，我們能掌握的資料僅得這麼多。關於納粹黨的神秘主義思想及秘密行為，主要由後世研究者憑蛛絲馬跡去推敲出來。

1976年，一名英國人特雷弗‧拉文斯克羅夫特寫了本書，名為《命運之矛》，書中提及納粹黨在1926年至1943年間，每年均派探險隊前赴西藏，首要目的是尋找雅利安人的祖先，設法與後者取得聯絡。當時納粹中人相信，喜馬拉亞山脈裡隱藏失落的城市——香巴拉，並存在一個龐大的地下王國。

納粹黨認為香巴拉人世世代代守護著超級力量「維利力量」，這種力量造就了雅利安人成為優等民族。

據書中描述，香巴拉人拒絕外界任何援助。不過，當納粹黨成功發現地下王國「Agartha」後，王國同意讓部分居民跟隨納粹黨到德國，由此建立了一個神秘組織——綠人協會。

這本書所述是真是假？納粹對西藏之所以產生興趣，與該黨的一種核心信仰有關。

納粹的神秘主義中，有一個名詞非常重要，那就是「圖勒」（Thule）。圖勒，意思為極北之地。

大家都知道，柏拉圖曾描述一個名為「阿特蘭提斯」的島國，坐落在「赫拉克勒斯之柱」外的西海，面積有207.2萬平方米，那裡氣候溫和，物產豐富，科技發達。可惜這擁有高度文明的史前島國在一夜之間沉沒海底。自柏拉圖寫下這傳說起，阿特蘭提斯是否存在，後世無休無止爭論了二千多年，直至今天。

深受希特拉信任的左右手，納粹黨衛軍頭子希姆萊認為，柏拉圖提及的阿特蘭提斯人，其實是雅利安人的祖先，稱為雅利安神族。他們又認為，雅利安人的祖先，其中一部分住在圖勒，而圖勒居民為了逃避災禍，全體南遷定居。

為什麼他們有這種想法？這要從歐洲當時逐漸形成的思潮談起。

1679年，一名瑞典作家主張，「圖勒」的所在位於北極附近。他說，根據記載，那史前國度的一部分沉落海底，其他部分分裂成「圖勒」（意為北方大地），及「北方的盡頭」。這瑞典作家根據冰島及北歐傳説，聲言北極隱藏巨大的失落文明之地，他相信在冰島及格凌蘭如斯大面積的土地下面，存在一個地心空洞空間，那神秘的地下國度即在其中。

其實，早在17世紀末，英國天文學家Edmund Halley就提出，地球是由四個同心圓組成，並暗示「地球內部居住有生命和靠發光的大氣層照明。」這種理論，後來催生了19世紀的小說《地心遊記》，以及由小說改編，現代人熟悉的電影《地心探險記》。

到了1871年，一名英國作家寫了本小說，描述一個先進民族，長期在地底生活，這民族希望借助維利力量來征服地球。

可以說，納粹神秘主義的核心部分，是糅合上述「地心空洞理論」及維利力量而成。

什麼是維利力量呢？它可能是一種心靈力量，也可能是地球引力或磁場，總之是足以操控地心王國的超級力量。姑勿論那是什麼，納粹黨堅信這份力量是無堅不摧的！

在18-19世紀，喜愛研究神秘主義的人對極北之地非常著迷。希特拉很鍾情尼采的超人哲學。「超人」（德語：Übermensc）一詞被希特拉頻繁地使用，作為其雅利安人種或日耳曼人優越說的理論基礎。

尼采在著作《上帝之死》說，「讓我們看看自己到底為何？我們是希柏里爾人。我們清楚地知道我們如何偏離此生命的軌道。」儘管他從未提及甚麼超級力量，但在其匿名發表的格言體作品《權力意志》中，尼采十分強調了內在力量在超人類發展中的作用。

1903年，印度人巴爾・甘加達・提克拉在《吠陀經中的北極家園》主張，南遷的極北之地居民正是雅利安人的始祖。

在上述背景下，20世紀初期，德國人大多相信他們是極北之地南遷者的後裔，他們強烈希望透過維利力量，成為超人類。希特拉亦深信如此。

圖勒協會與維利會

納粹黨的崛起與發展，一直與神秘組織有密不可分的關係。一個於1910年創立，名為「圖勒協會」（Thule Society，極北之地協會，或譯修黎社）的神秘組織，可謂納粹黨的初型。

1918年，魯道夫c馮・塞波騰道夫創建了圖勒協會的慕尼黑分社。塞波騰道夫早期在伊斯坦堡生活過幾年，他曾在該處結合蘇非神秘主義和共濟會教條建立了一個秘密團體。該團體主張暗殺手段，這極端思維源自伊斯蘭教以斯瑪利什葉派，於十字軍時期已頗為盛行。

第一次世界大戰期間，土耳其和德國聯盟。塞波騰道夫回到德國後，加入條頓騎士團。條頓騎士團於1912年成立，是一個秘密的反猶太人組織。正因這些連帶關係，暗殺、種族屠殺、反猶太人主義成為圖勒會的信條。1918年晚期，慕尼黑圖勒協會成為反革命運動中心，吸納了許多人員，這些人不少之後跟隨納粹黨前身的德國工人黨，推動了巴伐利亞革命。

1919年，圖勒協會催生了納粹黨前身的德國工人黨。同年底，協會的核心成員狄特里希•埃卡特把希特拉引薦入德國工人黨，並向後者傳播維利力量（地心力量）的神秘訊息。

　　其實，少年時代的希特拉早已有熱愛神秘主義的傾向，而在納也納研究了東方玄學及神智學會的理論後，他更為沉醉於神秘主義。一年後，他名正言順地成為德國工人黨的領袖，將此黨改名為「國家社會主義德意志勞工黨」，簡稱納粹黨。

　　另一個對希特拉思想有重要影響的人是卡爾•豪斯霍弗爾。此人乃於1904至1905年日俄戰爭後派往日本的德國軍事顧問。豪斯霍弗爾亦對印度和西藏文化深感興趣，他曾學習梵語，並宣稱到過西藏。

　　第一次世界大戰時，豪斯霍弗爾在軍中擔任將軍。1918年，他在柏林創建「維利會」。傳聞中，維利會是研究納粹飛碟的其中一個重要組織。維利會意圖利用心靈來尋找地底下的超自然生命，甚或與外星生命取得聯繫，藉以得到維利力量（或地心力量）。

　　這組織與圖勒協會有共同信念，箇中骨幹成員亦有非常密切的聯繫。他們皆相信，雅利安人人種源出中亞，後來豪斯霍弗爾發展出一套納粹地緣政治學（主張透過征服他國獲取生存空間）。

　　希特拉因啤酒館暴動失敗而在獄中服刑時，豪斯霍弗爾經常去探監，向後者介紹很多地緣政治學理論，以及極北之地思想。故此

希特拉於1933年成為德國的國家元首後，他依據地緣政治學主張，把雅利安人種征服東歐、俄羅斯和中亞納入國家政策。

甚而納粹黨另一重要人物——魯道夫・赫斯，亦是豪斯霍弗爾最親密的學生。赫斯之所以認識希特拉，源於1923年希特拉服刑時由豪斯霍弗爾牽引認識。

納粹黨許多政治決定，都受到豪斯霍弗爾影響。例如豪斯霍弗爾對日本文化印象深刻，促使了日後納粹與日本結盟；納粹黨沉迷到西藏探險，尋找雅利安人原種，豪斯霍弗爾亦起關鍵作用。

納粹黨如何與西藏扯上關係

正如剛才所說，納粹黨認為雅利安人是古代極北之地的居民後裔，要取得維利力量，就需要與雅利安人取得聯絡。南遷後的雅利安人去向何在，他們鎖定兩大目標地，一是印度，另一便是西藏。

1935年，豪斯霍弗爾在希特拉的授意下成立了先民遺產基金會，旨在利用科學尋找雅利安人最初的起源，並證明雅利安人的歷史源由及優越之處。

另一個熱衷於西藏尋根的人是希姆萊。二次大戰期間，希姆萊為了探索雅利安人的起源，在俄羅斯的西部和南部進行了大量考古學上的挖掘，出土物包括陶器、石斧都不放過，悉數運回黨衛軍的基地，瘋狂地希望證明雅利安人及古德國民族起源的關係。連希特

拉都覺得希姆萊過於執著，他說：「我們怎可讓世界注意到我們自己沒有過去？當羅馬人建設輝煌建築時，我們的祖先仍住在草屋茅屋裡！這可不高明。」

除了西藏，納粹的目光也投放在冰島、格陵蘭等他們相信是極北之地的所在，以及遠至蒙古的戈壁沙漠。

1922年，波蘭科學家斐迪南・奧森達斯基稱自己從戈壁沙漠找到地下王國阿哥哈提（Harte）及取得聯繫，聲言在未來，沙漠下的強大居民將回到地面，拯救世界。他把經歷撰寫成著作。當此書翻譯成德文後，受到納粹黨重視。部分親納粹的探險家和科學家認為，德國人的起源可能正在那裡。

對於德國民族起源，納粹黨中也有不同聲音，因為那時他們已派出很多考察隊前赴南極、冰島、格陵蘭，仍一無所獲。

一位沉迷於追尋匈牙利民族起源的專家亞力山大・喬馬・德克勒什根據匈牙利語和土耳其語之間的相似性，認為匈牙利民族源於東突厥斯坦（新疆）的「突厥之地」。他相信如果他能到拉薩，便可找到答案。

皆因匈牙利語、芬蘭語、突厥諸語、蒙古語、滿語都屬於烏拉爾-阿爾泰語系，也稱為突雷尼語族。1909年起，突厥人中掀起了由青年土耳其黨領導的泛突厥運動。1910年，匈牙利的圖勒協會創

立。有人相信，日本和朝鮮也屬於圖勒族，故此1930年代日本也成立了日本圖勒協會。

這些在中亞尋找圖勒族源頭的運動，為豪斯霍弗爾所得知。正因如此，他成立的先民遺產基金會，慢慢把尋找雅利安人的注意力從北歐轉換到新疆和西藏。這亦衍生出，何以匈牙利人在二戰期間和納粹黨結盟，背景正由於這些鮮為人知的神秘主義。

鼓吹探索西藏和蒙古的不止豪斯霍弗爾。瑞典探險家斯文‧赫定，曾於1893年、1899-1902年間、1905-1908年間到西藏探險，並於1927-1930年間到過蒙古。赫定非常親納粹，於1936年受希特拉邀請在奧林匹克運動會開幕式中發言。

西藏探險經過

總而言之，希特拉命令希姆萊著手到西藏大搞研究。1937年，先民遺產基金會正式納入納粹黨衛隊旗下，為了證明歷史源頭，希姆萊派探險隊入西藏，真正搞清楚雅利安人的起源之謎。

探險隊名為「黨衛隊西藏探險隊」，隊長為黨衛隊軍官薛福（Ernst），成員還包括博物學家恩斯特‧塞弗爾和人類學家布魯諾‧貝爾格，以及植物學家、昆蟲學家和地球物理學家和12名軍人。

最初五人小組試圖詢問西藏的攝政者，造訪聖地拉薩。當時中

日戰爭如火如荼，隨時有狀況發生。探險隊原計劃沿長江而上，進入西藏，但1937年日軍發動侵華戰爭，探險隊被迫改變行程。薛福改變主意，計劃從印度入藏，便尋求英國協助，但遭到英方拒絕。

希姆萊得知後，曾多方要求各方促成此事，如要求外交部長里賓特洛普協助。1938年，探險隊計劃從意大利熱那亞出發，經錫蘭（今斯里蘭卡），偷偷前往印度加爾各答。可是，探險隊離開歐洲前，納粹的宣傳機構，黨報《民族觀察員報》竟然報導了此新聞，引起英國官方警覺，令希姆萊大動肝火，親自去函英國海軍前情報主管，託他轉告英國首相張伯倫，張伯倫並不認為此事有多嚴重，結果批准德國探險隊到達了西藏邊境——錫金。

探險隊抵達錫金，聘用挑夫、翻譯，買了50隻騾子，沿蒂斯達河北上，當時駐錫金的官員也有派人監視。後來英國人覺得他們只是離經叛道的年輕人，天真的英國人覺得無論英方是否批准，這批不怕死的人還是會偷偷進入西藏。

在當地，探險隊有人負責捉昆蟲、有人負責測量高山、有人負責搜羅鳥類標本，還有人替土著提供醫療服務，從而進行人體數據的收集。他們測量了很多西藏人頭部的尺寸，並將這些人的頭髮與其他人種的頭髮樣本進行比對；他們還通過被測者眼球的顏色來判斷其種族純淨程度。為保留數據，探險隊用生石膏對十幾個藏族人進行了面部和手的翻模，製作了這些人頭部、臉部、耳朵和手的石膏模型。

1938年8月，一位居住在西藏的錫金皇族造訪，布魯諾•貝爾格本來打算測量他的身體，但其餘團員勸他不要這樣做。薛福與皇族會面，並贈送後者一驢車的禮物。

結果，同年12月，西藏當局正式邀請探險隊入藏。探險隊補給物資後，匆忙進入西藏。1939年1月，探險隊抵達拉薩，納粹黨向當地人致敬，把印有卍字的旗幟送給西藏官員及僧侶。

他們在當地停留了兩個月，拍攝風土人情的影片，並獲贈108卷大藏經。之後探險隊離開拉薩，入境雅各藏布江河谷，考察河谷地貌，其後回到德國。探險隊此行帶回2萬張黑白相片、2000張彩色相片，17塊人類頭皮，376名人物測量資料，以及大量動物標本和植物種子，以及獲贈藏獒作為禮品。

回德國後，薛福獲希姆萊單獨接見，他的探險紀錄《白圍巾的祭典：從神國的聖域——西藏到拉薩的研究探險》於1950年出版。

然而外界不少人懷疑此書隱瞞了太多關於探險隊的事跡。究竟探險隊此行得到什麼有價值的成果？

據隨行的人類學家布魯諾‧貝爾格分析，藏人居於蒙古人種和歐洲人種的中間，西藏人結合了蒙古人種和歐洲人種的特徵，而歐洲人種的特徵完全體現在貴族階層。

筆者認為，這些所謂研究結果根本與納粹黨真正的目的扯不上關係，只不過讓這班人振振有辭，有藉口申請資金做更多研究。

至於文首那些僧侶屍首，應該是1939年後，西藏及印度方面應邀到德國作客的人員，可是不知何故客死異鄉。

與其他神秘組織的關係

受到尼采及圖勒協會的思想影響，希特拉認為基督教有重大缺陷，已受猶太思想的污染。他認為基督教的寬恕、克己精神，均是反進步的，故此他對含有基督教元素的神秘組織如共濟會和玫瑰十字會均大加迫害，意圖予以鏟除。不過，納粹黨本身對於基督教內的具神秘色彩的事物如撒旦、聖矛、約櫃等卻非常熱衷，甚至暗地尋找，希望得到其力量。

不過，希特拉某程度上卻可寬容佛教。1924年，保羅‧達爾克在柏林弗洛諾建立了「佛教徒之家」。該社團主要對象為上座部和日本佛教，二者是當時西方人士最熟知的佛教派系。1933年，「佛教

徒之家」召開第一屆歐洲佛教大會。整個戰爭期間，納粹容許「佛教徒之家」運作，理由是不少僧人懂得漢語和日語，可協助軍方翻譯文件，故予以相對的寬容，不過底下也進行嚴格管制。

雖然納粹於1941年關閉了柏林佛教協會，領導人馬丁•斯坦基被捕，但總體上納粹並未迫害佛教。斯坦基獲釋後也可繼續在柏林傳教。有一種說法指，德國不希望破壞和信奉佛教的盟友——日本之間的關係。

1935年，受豪斯霍弗爾影響，希特拉任命弗雷德里克•海爾斯徹成立「古代遺產研究及教學學會」。學會由納粹軍官領導，任務之一是研究北歐與日耳曼地域裡消逝的文字「盧恩」(RUNES)，這種文字因基督教傳入北歐，被拉丁文取代，公元六世紀時此文字已然消失。希特拉希望研究這種文字與雅利安人的關係。可是，此項目的進展一直不大。

上述有關納粹神秘主義的機構，均屬較為正統的科學或學術組織。其實納粹背後也與「地下力量」聯繫。傳說自1929年起，一群藏人去到德國，創立名為「青人社」的組織，該社由豪斯霍弗爾領導，與日本「青龍會」聯繫，後者通過神秘力量支持納粹事業。

希姆萊更興建了一座三角形形狀的城堡「維威爾斯堡」作為黨衛隊的「玄學」基地，專門研究魔法和聖杯等傳說。好些關於納粹的瘋狂研究傳聞，皆由這機構中傳出。

其中最令人不寒而慄的計劃是：一旦納粹黨找到極北之地，他們將以最純正的雅利安人血液，重新改造已被污染的日耳曼民族血統！他們堅信，只要日耳曼民族的血液受淨化後，就會獲得超自然力量，從此征服世界。

究竟納粹黨相信的 Agartha （又稱 Agartta，Agharti，Agarta 或 Agarttha），位於地球的核心城市是否存在？

納粹喪屍 Nazi Zombie

前文談及德國納粹神秘主義的起源，大家可了解納粹渴望透過神話和傳說尋求可以控制的力量。正統歷史學家認為，納粹為了替政權製造認受性，將納粹黨和德國神話拉在一起，以創造一個神權政治。不過從不同渠道的口述和戰時官方文件訊息，卻有另一種解釋。納粹黨員當真相信各種傳說和秘法，相信神秘力量可以控制世界，令納粹第三帝國萬世千秋。

19世紀末20世紀初，歐洲各國掀起各種學術風潮，像永動能源、催眠、心理學、魔法…尤其德國自威瑪共和國，各類神秘學更是雨後春筍般，大量湧現社會中。納粹黨的興起，跟這類神秘學組織直接拉上關係。故此納粹綜合各種神秘學說和尖端科學，混合出一種極為離經叛道的非一般怪異科學出來。

本篇文章我會發掘一些特別、並且在華文媒體中很少談及的題目。現今流行文化裡，納粹黨的神秘故事，一直是創作人有興趣

的題材。例如《奪寶奇兵》的納粹寶藏、《美國隊長》（captain America） 以納粹黨的邪惡軸心帝國為主要敵人。納粹黨的邪惡形象成為流行文化的熱門象徵。

二戰後隨著各種流行文化興起，納粹陰謀論的傳言便通過電影、遊戲、書本開始大量流佈。究竟內裏是真是假？

從真實歷史考證中，的確有片言隻語記錄下來。但是納粹黨興起與覆亡，仍有很多古怪謎團，依舊沒有一個合理的答案。眾多歷史學家或陰謀論研究者，依然發掘到很多內裏的故事。這是為何納粹黨的傳聞，至今依然是熱門題材。談到納粹離奇古怪故事，相信大家對近日一套電影《大君主之役》（Overlord）有印象。電影講述諾曼第登陸時美軍部隊遇到德國納粹黨喪屍的事件。納粹黨製造喪屍的傳說，是不少電影的題材。究竟這故事怎樣形成的呢？首先我們要先理解美國流行文化與真實歷史納粹黨的關係。

二戰初期，英美兩國與德國冷戰前，普羅市民一直相信戰後有納粹分子潛伏在國家裏。此種思維有合理解釋，因為二戰前英美兩國已存在大量納粹支持者，甚至在當地建立納粹黨分支。例如在美國紐約長島，便有納粹黨員建立基地，戰爭期間更流傳很多誇張傳聞：在紐約長島對開海岸，曾經有人看見納粹潛艇出沒，甚至有納粹黨員登陸上岸，將黃金埋在長島內的秘密地方；美國銀行家在戰前支持納粹黨，利用歐美銀行制度貸款給德國納粹黨，令德方有資金製造武器，建立納粹德國軍隊，致使在入侵波蘭時擁有大量軍

備，繼而進攻歐洲其他國家。而美國銀行家的貸款，更幫助德國逃避了一戰後的不平等條約。

　　由於英美兩國確有支持納粹黨的羣眾，傳聞中英國皇室也支持納粹黨的興起。種種原因，令英美國民相信戰後依然匿藏納粹殘餘分子。這些真實的歷史，直接催生納粹陰謀論。此現象延續至現今社會，歐美國家依然有很多人談論納粹陰謀論。雖然不是公開談論，但在口耳相傳之間，不少傳聞繼續發酵出來。所以二戰之後英美國民相信納粹黨依然存在是有根據的。這種環境氣候下衍生的流行文化產物，包含各種納粹黨古怪稀奇的元素。電影、小說等娛樂產物，為了滿足人們獵奇心理，很自然地引用納粹黨的故事。

　　眾多傳聞裏，納粹喪屍是其中一個特別有趣的題目。在此我們可以先從電影開始講起。根據一些電影歷史記錄，納粹喪屍早於1943年《Revenge of the Zombies》電影出現，影片講述美國路易士安那州近沼澤的古老大屋內，一名納粹黨員為納粹帝國製造不死軍團（undead），試圖扭轉二戰的結局。電影中的不死人集合海地巫術和最新科技製造出來，而且全是黑人！納粹黨竟用黑人喪屍？不過以1943年拍攝的電影來說，能夠講美國本土有納粹黨，都算大膽！

　　另一齣是1955年的《Creature with the Atom Brain》。單從戲名看就知和原子彈科技有關。故事是非常傳統的B級電影橋段，講述美國黑幫與納粹科學家一同製造喪屍，並利用原子射線將已死的

黑幫分子復活，從而發生多宗謀殺命案。黑幫頭目因同伴的反叛，逃離美國到歐洲逃亡，因而在歐洲認識了納粹科學家，此人正研究如何將死者復活，以便提供可被剝削的勞工資源。於是，黑幫頭目便提供資金協助研究，並將這名科學家帶到美國，目的是借助喪屍去殺害曾經背叛他的人。電影以納粹科學家研究喪屍來引起故事，對我來說這是第一部談論納粹喪屍的電影，不過當中缺乏納粹黨復興的背景歷史。基本上，只算是納粹黨殘餘份子到美國作惡的變奏，電影中甚至沒有任何一個穿著納粹黨制服的角色出現。不過電影所談及納粹黨逃到美國，潛入當地社會中生活的說法，被後來的「迴紋針計劃所」所引證，證明電影描述的傳聞確有其事。

1945年二戰結束，科幻和西部電影興起。到60年代，由基斯道化李（Christopher Lee）主演的 Hammer Horror，將恐怖片風潮回歸英國電影。1966年的英國科幻恐片 The Frozen Dead，故事講述二戰後20年，藏身英國的納粹科學家為了復興第三帝國，將藏在

歐洲的1500個冷凍德國士兵復活，可惜實驗失敗，解凍後卻製造了喪屍般的生物。這套電影把60年代的噱頭：冷凍生命、納粹份子、喪屍和陰謀論混在一起，巧妙地結合納粹暴行、征服世界野心等科幻小説元素，在60年代冷戰的氣氛下，將人們對戰爭的恐懼完全表露出來。納粹喪屍的藍本，亦由此部電影開始。

踏入70年代，納粹電影成為歐州電影的潮流之一。1977年的Shock Waves，電影述説水底藏著納粹死亡軍團，是納粹的生化武器。這群喪屍從地球內部得到力量（維利力量？），它們不會説話，不需要氧氣、食物和睡眠。當德國戰敗，運送喪屍的船隻被指揮官沉沒水中，這羣喪屍在水中依舊生存，變成水生喪屍，不受控制地繼續執行殺人任務。這羣喪屍的弱點是眼睛不能接觸陽光，需要帶護目鏡。這電影最令人印象深刻的，除了在水中活動的喪屍外，就是主演納粹指揮官的彼得古城（Peter Cushing）。

80年代的《奪寶奇兵》（Indiana Jones）票房成功，納粹第三帝國成為荷里活電影的熱門邪惡組織。美國流行文化受到啓發，電影、漫畫和電玩遊戲紛紛將納粹帝國的陰謀論和傳説大量放入各式產品中。而將納粹喪屍推向高峰的，必定是90年代的電腦遊戲《Wolfenstein 3D》。《Wolfenstein》系列所描述的遊戲世界，將魔法和先進武器混合其中，納粹喪屍亦演變出各種形態。遊戲中，納粹

通過古代煉金術和魔法等超自然力量，製造出來超級戰士來。之後的《Call of Duty：World at War》，《Black Op》1，2三部曲，以及《The Sniper Elite》等遊戲，繼續將納粹喪屍形象發揚光大，納粹喪屍成為人氣角色。

流行文化中除了電腦遊戲，當然還有電影。2008年的英國《Outpost獵殺前線》系列和挪威《Dead Snow》均受全球cult片迷所推崇。《Outpost》和《Overlord》的設定都以納粹實驗為藍本，而《Dead Snow》則以挪威傳聞改編而成。

2007年英國《Outpost》系列，更集納粹陰謀論大成：東歐粹納基地、人體實驗、北約軍隊、人造磁場、歐洲金融家、納粹戰犯等。電影內的隱藏訊息非常多，喜愛陰謀論的朋友定看得非常有趣，不過因電影裏情節解釋不足，令一般觀眾看得一頭霧水。挪威電影《Dead Snow》較特別，融合了恐佈、幽默和納粹喪屍作題材，納粹部隊成為一群受咀咒的喪屍。故事講述挪威山區的納粹部隊，在蘇聯軍隊進攻挪威前，受到村莊Oksfjord的民眾反抗，將納粹德軍趕上深山。不知何故，這班德軍變成喪屍，60年後回來報仇。《Dead Snow》是有笑料的喪屍片，和《Outpost》純戰爭的喪屍片完全不同。

這些電影和遊戲大熱之後，網上討論區開始有網民問是否真有納粹喪屍傳聞。有人更從遊戲設定中得到靈感，創作了不少故事。不過，始終沒人從真實歷史解說納粹喪屍的由來。直到2008年一個

叫 Potvin Newsly 的網站發佈一篇「Nazis Nearly Perfected Zombies（納粹製造出近乎完美的喪屍）」文章，一刊出便受到眾多網民轉載。內裡談論的人和事，都曾真實出現在納粹歷史中。題外話，這篇文章提及一本由 Mark Walker 和德國作家 Michael Schaaf 合著的書，叫《Hilter，Zombich，und die Haagan-Dazs》。當我在網上嘗試搜尋此書時，搜尋結果只得 Haagan-Dazs 雪糕！

　　說回此文章，大體說納粹德國研究喪屍有兩部門，最為人廣泛討論的是由威廉皇帝學會（Kaiser Wilhelm Institute）出資，物理學家 Werner Heisenberg 領導的研究室；另一個則由原子物理學家 Kurt Diebner 所領導，直屬德國陸軍武器局（Heereswaffenamt）。兩者在戰時都與喪屍病毒有關連，但研究項目是獨立的。所有研究項目最初由帝國郵政局（Reichspost）屬下的帝國研究理事會 Reich Research Council 提供資金。直至 1942 年，帝國軍備部長 Albert Speer 重新整合研究項目，將研究集中在人類喪屍化的發展。研究資金龐大，但研究進度很慢，Dr. Paul Harteck 和 Dr. Fritz Houtermans 開始研究活化屍體腦細胞。後來，他們採納奧地利科學家 Josef Schintlmeister 的建議利用液態設施培育有機喪屍物質，並且說服戈林和 Martin Borman，以 Harteck 的生物科學家和化學家團隊投入另一喪屍項目。結果與科學家 Erich Bagge 發明出喪屍病毒，名為「Harteck Virus」（根本是生化危機的劇情！）。

　　到 1943 年，戰爭進入白熱化，德軍死傷嚴重。Harteck 在漢堡領導研究團隊，嘗試利用喪屍控制 U 潛艇攻擊盟軍，1943 年 7 月盟軍轟

炸漢堡後，納粹海軍將此計劃轉移到波蘭斯塞新（Szcecin），由海軍部長 Karl Witzell 和 Otto Rhein 繼續指揮。Dr. Otto Haxel 接管這個由帝國海軍司令部的計劃（Oberkommando see Marine）。1944年4日得到資金，將計劃轉向使猶太人喪屍化，企圖藉此得到大量勞動力。及後他們與 BMAG Meguin 簽下合同，購買猶太人和吉普賽人屍體做研究。

另一個是由希姆萊領導以鍊金術為主的研究部門。他們在捷克斯洛伐克西部亞希莫夫（Jachymov）山區發現一種礦石，此礦石經電流輸入，能夠發出礦石能量，可以活化腦部細胞。礦石送到柏林北部圖拉寧堡的Auergesellschaft進行提煉。發展到此階段，納粹黨內部對喪屍計劃出現分歧，基於多次事故、喪屍不能控制，甚至有喪屍化的黑猩猩襲擊科研人員，導至計劃中止。傳聞説，科研人員將屍體注入有元素115的喪屍病毒，屍體竟復活襲擊活人，而被襲者隨之喪屍化，最後黨衛隊把整個科研地下基地炸毀，事情才平息下來。及後納粹軍節節敗退，計劃正式中止。

故事就此完結。此文章出現時，網民都問是否真有其事？陰謀論和傳聞當然難以證實。文章提及了人物、地點、行動，不過認識納粹歷史的人都知道當中談及的科學家，全都是物理學家，參與過納粹原子彈計劃。以物理學的知識，根本不能應付研究喪屍、人體再生一類的實驗，因為此種研究涉及細菌、病毒、病理等各種不同醫學科目。而且真實歷史中，這些科學家在納粹時期的工作，很多已經公開。當然，你也可説盟軍佔領前相關文件已銷毀，不能證實

真偽。我個人不相信上述故事，但是這類偽證據確實提供流行文化
創作的元素，網民可以自行尋求真偽。

納粹喪屍的真面目

打從納粹黨興起，希特拉和眾多高層如希姆萊等人已非常相信
各種神秘文化。

Zombie這個字，在20世紀初和現代所描述非常不同。若然我們要
憑 zombie 這字來尋找真相，相信很難有合理答案。但如果理解納粹黨
對超自然力量、各種歐洲傳說、中古秘法魔術如何瘋狂地相信，如何
醉心利用秘術令死者復活，從而復興日耳曼民族，這樣便能較合情合
理解釋問題。「納粹黨令死人復活」，在《奪寶奇兵》出現的情節，
相信大家都有印象。其實，納粹神秘學基本上有兩個發展方向。第一
是以希姆萊為主的「祖先遺產學會」（Ahnenerbe）；另一個是德國
軍部不同部門的研發計劃，旨在創造各種各類的「納粹末日武器」。

祖先遺產學會於1935年由希姆萊建立，直屬於SS黨衛隊，旨在
支持納粹黨的種族主義，主張德國人是古代雅利安後裔，並通過書
本、展覽、文章和討論會向德國民眾宣傳這些想法。祖先遺產學會
利用考古證據來支持德國入侵歐州的合理性，甚至以研究作為理由
來支持大規模屠殺猶太人。

1933年，希姆萊建立極北學院（Nordic Academy），開始深入研
究北歐傳說。奧地利共濟會會員 Karl Maria Willgut 被希姆萊邀請加

入黨衛隊，成立 SS Race and Settlement（RuSHA），並在1936年在德國黑森林進行22日考古活動，自稱利用魔法召喚了古代德國眾神，預言德國能統治歐洲。聲稱得到神召力量，令希姆萊在威斯特伐利亞（Westphalia）建立Wewelsburg Castle作為親衛基地，黨衛隊以復興條頓騎士團為首任。他們仿照亞瑟王傳統，引用符文的神奇力量，集合北歐、古德國、占星術、煉金術、共濟會秘法，創立出納粹的魔法體系。黨衛隊甚至到西藏尋找雅利安人和雪人（大家無睇錯，係白色毛嘅雪人）；到奧地利宮奪取刺傷基督的命運之茅；到埃賽俄比亞尋找約櫃和方舟等傳說聖物。納粹之所以尋找聖物，

企圖得到終極力量的根源由此而起。一旦奪取聖物後，他們便會通過召喚術和控靈術，讓各神靈現身附體，將傳說力量在現實中出現。

Herman Wirth是另一個影響黨衛隊的荷蘭歷史家，他主張北歐是雅利安人的發源地，200萬年前雅利安人進化到比現代人更先進，並建立了阿特蘭提斯。希姆萊深受13世紀冰島詩人 Snorri Sturlson 影響，其北歐眾神詩集 Snorra Edda 更使希姆萊認定北歐眾神就是雅利安人，而眾神的武器就是雅利安人的尖端科技。這本詩集是一本密碼書，只要破解內裡意思，就可以找到入口，以便進行雅利安繁殖計劃，使納粹進化成超人，心靈感應、超自然能力就會重新出現。他們的觀點認為，德國人統治由猿猴進化

而成的猶太人、斯拉夫人和黑人實屬理所當然。

事情越搞越大，根源來自納粹神秘學，箇中北歐神話佔很大比重。希姆萊曾在信件談到：「『雷神之鎚』的力量絕非來自然界閃電，而是從我們的祖先雅利安人才能控制的能源知識，由他們發明出來的先進武器。」結果在1938年納粹遠征軍前往西藏及冰島尋找雷神之鎚，企圖召喚北歐眾神幫助納粹黨統治世界。

祖先遺產學會將希姆萊的幻想和理論融合，尋求把超自然力量和科學結合，求取戰爭中得到超自然力量優勢。根據超人理論，他們在集中營內進行各種不人道實驗，製造不死士兵，嘗試將死人復活。納粹喪屍正是從以上事件中衍生出來，這是納粹喪屍的最初版本。遊戲 Wolfenstein 就參考這段歷史來創出納粹亡靈戰士和不死人。

這些傳聞只隱藏在納粹神秘學中，種種藉秘法儀式來召喚神靈的事件都不能證實。不過，真實歷史裡，納粹黨的擴充極可能利用精神科藥物去製造超人戰士。入侵波蘭後，納粹連隨入侵捷克，再攻打法國民軍。對於德軍行軍之迅速及作戰能力之超常，盟軍感到非常詫異，懷疑德軍借助了興奮劑一類精神科藥物。這側面印證精神科藥物在德國已經非常盛行，我們可以從德國戰後歷史，看看為何有這種納粹超人藥的出現。

第三帝國毒品：Pervitin

甲基苯丙胺或甲基安非他命（Methamphetamine）不是近代

發明的毒品。像可卡因，海洛因和嗎啡一樣，它起源於19世紀的德國。羅馬尼亞化學家 Lazăr Edeleanu 於1887年首次合成安非他明時，他不會知道他的發明將演變成助長世界大戰的物質。長井長義（Nagai Nagayoshi）在1893年進一步合成甲基苯丙胺。它在1919年被日本藥理學家緒方章（Akira Ogata）轉化為我們今天所知的結晶形式，並將它帶到德國。一戰後，戰敗的德國環境，正適合將安非他命的藥理學進一步突破。

　　柏林並不是不知道藥物的問題，反正政府人員都成癮，副作用唯有輕描淡寫帶過。魏瑪柏林政府對藥物的需求日增，像嗎啡、海洛因和可卡因這樣的藥物，當時在世界各國都合法，而且可以很容易在藥房商店購買得到。德國在凡爾賽條約中失去了獲取茶和咖啡等天然興奮劑的海外殖民地，合成藥物興奮劑的需求自然大量增加。Norman Ohler解釋說：「戰爭造成了深重的傷害，並給國家造成了身心痛苦。在20世紀20年代，藥物對於波羅的海和阿爾卑斯山之間的沮喪人口變得越來越重要。對鎮靜的渴望導致了自我教育，很快就出現了填補市民對社會、生活的失望心情，穩定社會的最有效措施，生產藥物的技術成為藥廠致富訣竅。」全球可卡因市場的百分之八十由德國製藥公司控制，據說默克公司是世界上最好的。漢堡是歐洲最大的可卡因市場，每年有數千磅的可卡因合法通過其港口。秘魯向德國公司出售其全部產量的可卡因原料。海洛因、鴉片和嗎啡也以驚人的數量生產，其中98％的德國海洛因出口到國外市場。

藥物市場為何能夠如此繁榮？首先，他們是合法的。第一次世界大戰的許多退伍軍人習慣性地由本身也濫用藥物的醫生開處方嗎啡。它不被視為有害藥物，而是作為慢性疼痛和麻痺身體的必要藥物，當時吸毒與成癮之間的界限尚未確定。儘管無數人經常沉迷於從可卡因到海洛因的快感，但很少有人被視為上癮者。藥物使用不是犯罪，成癮被視為可以容忍的可治癒疾病。

　　歷史學家 Jonathan Lewy 解釋道：「成癮者遍及社會上各階層。醫生是吸毒成癮最易受影響的專業群體。政權沒有反對這群體濫藥，反而試圖將醫生和藥劑師納入其控制毒品的計劃中。此外德國當局

同意因戰爭的禍害，導致心理創傷，因而產生了成癮現象；換句話說，第一次世界大戰的退伍軍人是易受影響的，魏瑪共和國的各政黨，尤其是國家社會黨中沒有一個政黨希望對抗這群人。」

　　在1937年萬聖節，柏林製藥公司Temmler獲得甲基苯丙胺專利，並以Pervitin之名來註冊。Pervitin在1938年面世時，Temmler向該市的每位醫生贈送了3毫克。許多醫生都迷上了，並且相信它的功效，將其用來研究輔助、抑制食慾和治療抑鬱症。Temmler以廣告宣傳，該藥迅速受到全面歡迎：推銷給學生們稱可幫助學習，又賣給家庭主婦，聲稱可以幫助他們更快地完成家務，還有一個額外

好處，就是可以減肥（確實如此）。到1939年，Pervitin被用於治療更年期、抑鬱、暈船、分娩、眩暈、花粉症、精神分裂症、焦慮和「大腦紊亂」有關的疼痛。

陸軍生理學家 Otto Ranke 立刻發現它的潛力。在1939年對大學生進行測試時，他發現這種藥物使學生睡眠時間不足仍能非常專注和高效率完成學習。Pervitin提高了身體機能和耐力，使疼痛變得遲鈍並產生歡欣快感，但與嗎啡和海洛因不同，使用者可以保持清醒。Otto Ranke發現藥物使他連續工作50小時卻不感到疲倦之後就沉迷上了。儘管很受歡迎，Pervitin僅於1939年成為認可處方藥，其後於1941年受「Reich Opium法規」所規範。但這沒有減緩藥物在市場的銷量。即使法規出現後，每年產量仍增加150萬粒。由於處方很容易得到，Pervitin成為納粹德國公認的Volksdroge（人民藥物），與今天的止痛藥一樣普遍。雖然副作用嚴重且令人擔憂，但醫生仍然輕易開處方，皆因當時的醫生本身也是該國最嚴重的吸毒者之一。據估計，柏林40％的醫生對嗎啡上癮。

正如醫務官 Franz Wertheim 在1940年所寫：「為了幫助打發時間，我們醫生對自己進行了實驗。我們在開始新的一天時，喝一杯干邑白蘭地，並注射兩次嗎啡。我們發現可卡因在中午是有用的，晚上我們偶爾會服用Hyoskin(一種來自茄屬植物的生物鹼)。結果我們並不能完全控制我們的感官。」

Pervitin的主要用戶群是軍隊。除了在對大學生進行測試外，

專家還發現 Pervitin 可提高警覺性、自信心、專注力和承擔風險的意願，同時使人們對疼痛、飢餓、口渴和疲憊的認識變得遲鈍。對於需要建立超人軍隊而言，這是一種完美的藥物。僅在戰前時期，軍方估計就消耗了1億顆藥丸。湊巧的是，納粹的一個口號是「德國醒著！」在波蘭入侵期間進行了第一次重大測試之後，Pervitin 以驚人的數量分發給軍隊。僅在1940年4月至7月期間，就有超過3500萬片 Pervitin 和 Isophan 被發給德國國防軍和納粹空軍。他們意識到 Pervitin 藥力強大，認為服食藥物後，便不需擔心心理壓力和睡眠時間減少，但隨著部隊之間的耐藥性增加，服藥量便越來越多，副作用開始在軍中顯現出來。

Pervitin是閃電戰（Blitzkrieg）成功的關鍵因素。在激烈戰事中發動短暫戰役，速度就是一切。接受《衛報》採訪時，作家Norman Ohler總結道：「毒品使入侵法國成為可能。沒有藥物，沒有入侵。當希特拉聽說有關入侵阿登的計劃時，他非常高興。但是高級指揮部說：這是不可能的，晚上我們必須休息，他們（盟友）撤退再作防守時，我們將陷於山區，不能再快速前進。但隨著興奮劑法令頒行，這使士兵能夠保持清醒狀態三天三夜。隆美爾和所有坦克指揮官都意志高昂，沒有坦克，他們肯定不會贏。」

轟炸機飛行員報告說，在整場英國戰役中靠使用 Pervitin 來保持警覺。轟炸通常在深夜進行，所以德國飛行員在午夜才飛抵倫敦。正如一名轟炸機飛行員寫道：「你晚上飛到倫敦或其他英國城市時，當然你已經累了。因此你服用了一兩片 Pervitin 藥片，然後你又恢

復了正常……指揮官總要對他所下的命令很決斷，我們必定要完成任務，所以我把Pervitin作為預防措施。由於關乎生命，我們不會棄絕Pervitin。無論如何，當你註定參與戰事的時候，誰會在乎它的副作用呢？」Pervitin在歐戰初期非常普遍，納粹認為這種興奮劑能激勵部隊，做出英雄事蹟來獲得勝利。1939年4月至12月間Temmel藥廠生產了2900萬粒藥物，以供應納粹軍隊使用。該公司受命將生產列為秘密不能公開。任何官方文件，Pervitin都以OBM為代號，本來規定需要德國醫生對其副作用寫下報告，但是在波蘭，高層完全沒有理會。納粹軍人的超人力量背後開始失控。

喪屍毒品D-IX

1943年戰事越來越激烈，納粹節節敗退。納粹對超人藥的試驗越來越多。1944年3月，第三帝國領導人開始批量生產一種名為D-IX的藥物。海軍少將Hellmuth Heye要求使部隊能夠在更長時間內進行戰鬥，同時需保持清醒和自信心。Pervitin已經不能夠滿足納粹軍方。

Heye的建議受到 Otto Skorzeny 支持。Otto Skorzeny被譽為歐洲最危險的男子，是德國納粹特種步隊指揮官。最經典個案是1943年9月他帶領傘兵不發一槍救走墨索里尼。Heye與希特拉及高層於柏林總部進行詳細對話後，在基爾市（Kiel）建立科研團隊，由藥理學家Gerhard Orzechowski主持，在基爾大學實驗室經過幾月努力，終於得出結果。一種命為D-IX的更強力藥物由此誕生，其成分是3毫克的Pervitin，5毫克的可卡因和5毫克的Eukodal（瑪啡成份的止痛藥），

以及Merk藥廠生產的合成可卡因（德國飛行員用作遠程飛行的興奮劑）。納粹希望此更強的藥物能改變戰事中的敗局。

軍方決定在迷你潛艇部隊測試D-IX。基爾灣的潛艇敢死隊受命測試此藥物。Storzeny下令發1000片藥物，希望部隊對多瑙河的攻擊行動取得成果。測試結果非常鼓舞人心，促使納粹領導人繼續進行實驗，以測試新藥對人體的影響。1944年11月在薩克森豪森(Sachsenhausen)集中營的囚犯身上進行測試，18名集中營囚犯被迫在半圓形廣場上每天背著20公斤背包，不停繞著廣場跑步。

24小時後大部分囚犯倒地身亡，納粹化學家想知道人類每天在沒有休息之下，連續跑步90公里時，究竟會怎樣。囚犯 Odd Nansen 每天在集中營看著這些不人道實驗。D-IX協助把納粹士兵變成不會疲倦和無所畏懼的超人軍隊。

其後，被送到海軍陸戰隊的單人U艇受命發動自殺式攻擊倫敦泰晤士河口，D-IX以一種口香糖形式供應給士兵，協助海軍陸戰隊員保

持清醒。在襲擊行動出航時，駕駛員開始服用，不過D-IX並未出現預期效果。潛艇駕駛員被困在水中幾天，在艇內因藥物副作用，引起精神病問題並且經常迷路，最後全部死在潛艇內。從D-I到D-IX三種毒品有十多種化學混合物，直到現在已經無人真正知曉究竟D-IX內有甚麼化學物質。另外，有多少數量送給士兵服用，亦成為一個謎。

沒有奇蹟藥丸是完美的，任何可以讓人們保持清醒的東西都會產生副作用。長期使用Pervitin可能導致成癮、幻覺、頭暈，及各種精神病徵狀，甚至自殺和心力衰竭。許多士兵死於心臟驟停。第三帝國的最高衛生官員 Leonardo Conti 試圖限制部隊使用該藥，最終沒有成功。直到20世紀60年代，Temmler Werke繼續向東德和西德的軍隊供應Pervitin。西德的軍隊聯邦國防軍在20世紀70年代停止使用，但東德的國民軍用藥直到1988年。東西德統一後，Pervitin最終在德國被禁止。

喪屍化現象

Pervitine和D-IX的副作用，是否會引致「喪屍化」？有關的戰場傳聞，近年從俄羅斯的軍事和超自然網站流傳出來。也許因為納粹喪屍在電腦遊戲界成為熱門邪惡角色的緣故，也可能部分故事是偽做的，無論如何，自從歐美國家的合成毒品興起，喪屍化個案常見於傳媒報導。

1942年1月，一隊約500人的納粹士兵，在零下30度嚴冬下受蘇軍圍困。醫務人員在筆記說：「我決定給給士兵服用Pervitine，

因為在這天氣下，很多士兵開始感到疲倦而躺在雪上死亡。半小時後，各士兵自發地報告他們感覺轉好，他們的精神得到改善。」軍隊重新有序地前進，殺出重圍。

二戰末期，蘇軍出現疑似喪屍個案。1944年在挪威的邊境地區，一支蘇聯伏擊小隊在山區埋伏，等待蘇軍主力部隊到來進行反攻。在深夜時，遠處發現有數名德軍動作緩慢，步姿很古怪，像喝醉酒般向蘇軍方向走近。伏擊小隊發現這幾名德軍沒有禦寒衣物，於是向他們的頭部開槍。這幾名德軍頭部中槍，非但沒有倒下，還繼續向前行，最後蘇軍向敵方頭部連打幾槍，德軍才倒下。第二天蘇軍大隊到達，蘇軍發現德軍前哨基地內的20多名士兵，像被野獸襲擊般死在基地內。

1942年，芬蘭和蘇聯部隊經常受到不知名生物襲擊。有芬蘭士兵在樹林內受到「喪屍」攻擊：一羣穿著納粹軍服的喪屍，完全不怕槍擊，衝向芬蘭士兵中，徒手殺死士兵。芬蘭部隊報告描述他們是活死人，最後要用手榴彈將喪屍炸死，芬蘭士兵才可活命逃出森林。芬蘭部隊在一個已撤離的蘇軍基地內，發現大量屍體，死狀恐怖，部分只剩下殘骸。有歷史學家認為，納粹喪屍是藥物副作用的喪屍化現象。不過是否這麼簡單？以藥物副作用來解釋喪屍傳聞，從陰謀論來說，可以在1944年納粹步向戰敗找到另一種說法。

納粹終極喪屍計劃 Aktion T4

納粹黨未取得政權前，其實是一個相信「神秘主義」的兄弟

會。取得政權後，他們花大量人力物力在各地考古，尋找神聖之地和聖物，內裏的重要因素之一是追求永生。納粹幾次進入西藏，據說正是尋找永生不死的力量。而研究不死軍團、亡靈戰士，均由神秘主義思想而起。納粹和希特拉都希望利用神秘力量完成超人類進化來得到永生。二戰期間，傳聞納粹很早已經設立研究超級士兵和不死人的項目，妄想製造戰無不勝的不死軍團雄霸世界。希姆萊黨衛隊運用神秘力量，軍部則採用科學方法，大家各自研究。

不過1943年後，納粹軍逐漸被盟軍反攻，納粹德國在戰爭進入僵持期間死傷了大量士兵，國內兵源不足，使希特拉將目光投向了堆積如山的「屍體」。為了改變戰局，希姆萊等神秘主義分子向元首建議建立一支不死軍隊，這就是納粹喪屍，之後納粹把研究部門整合，由希姆萊主持大局，將項目發展為將死人復活，為此進行了大量實驗。

死亡天使 Josef Mengele 約瑟夫門格勒

納粹黨一直研究超級士兵，希望將德國人進化成超人類。約瑟夫門格勒（Josef Mengele）及一眾科學家受到希姆萊指示，進一步加快各種慘絕人寰的實驗。納粹黨對集中營裡的人進行殘酷、科學價值不明的人體實驗。歷史告訴我們，第三帝國在第二次世界大戰期間的集中營裡，對來自歐洲各地的大量囚犯，尤其是猶太人（包括猶太兒童）進行了大量的人體醫學實驗，其中包括：雙胞胎的實驗、骨骼、肌肉和神經移植實驗、頭部受傷實驗、凍結實驗、瘧疾實驗、免疫實驗、芥子氣實驗、磺胺類實驗、海水實驗、滅菌實驗、有毒的實驗、

燃燒彈實驗、高空實驗等。歷史學家嘗試解釋原因，不過到二戰後期，德國敗局已定，為何依然繼續實驗？背後目的是否要實行元首最後指示？納粹喪屍可能是納粹末日武器其中一個項目。

希特拉希望用技術上的優勢來彌補德國兵力不足，提升軍隊戰鬥力從而取得戰爭的最後勝利，為此德國在軍事科研方面投入了大量經費。以約瑟夫門格勒為首的一批納粹科學家，遵從了希特拉的指令，進行慘無人道的人類活體研究。

其中一個鮮為人知的計劃，它以實踐納粹種族優生政策為目的，代號 Aktion T4。T4計劃從1939年9月開始，有系統殺害身體殘疾，心理疾病如精神分裂、癲癇症和智力障礙者。此行動從根本清洗德國民族裏所有不健全的元素。但後來意識到這些人擁有德國的軀體和血統，所以傳聞部分受害者被送到精神病院和研究所，以便進行人體實驗。T4計劃是以「安樂死」為名的「無價值生命的滅絕計劃」。

1941年春，希姆萊和元首總理府負責人Reichsleiter Philipp Bouhler會面。基於從1939至1941年德國境內已建設六個安樂死的滅絕設施，希姆萊想將 Aktion T4 人員使用的技術和設施，轉移到滅

絕營（Death Camp）和集中營（滅絕營由希姆萊黨衛隊建立，滅絕營和集中營在納粹中功能有分別），以更有效地殺死囚犯和處置屍體。Aktion T4 轉移到 Aktion 14f13 計劃中。踏入戰事後期，猶太人成為納粹理想的實驗對象，納粹眼中並不在乎猶太人的生死。

在奧斯威辛（Auschwitz）集中營，黨衛隊解剖學家 Johann Paul Kremer和約瑟夫門格勒進行更深化的不人道實驗。首先納粹選了幾百名猶太人，把他們的衣服脫光，在零下10度的冷庫中關著八小時，有些人被凍死，活著的人需要進行下一步實驗。這個實驗名為海水實驗，就是通過注射特殊藥物，減少士兵對水的需求，力圖實現「超級戰士」們靠喝海水來保持體力。最終實驗結果並不盡如人意，半數實驗者脫水死亡，另一些人則對藥物起了反應，雖然沒渴死，但精神崩潰、智力下降，體力得到增強，納粹科學家們認為他們算是「成功」了。

緊接著1944年，在門格勒的主持下進行第三步實驗，也就是最終的「喪屍實驗」。從安樂死計劃開始，他們繼續對D-IX加強研究，傳聞納粹生化學家研製出一種藥物，可以讓人暫時的精神極度亢奮、失去痛覺，戰鬥力幾何倍數增長，但腦部會受到嚴重破壞。前面接受實驗而倖存的下來的猶太人，大多已有精神病，他們被迫服下這種藥物，然後接受電擊、刀砍、槍擊、火烤。本已精神失常的試驗者們，這時變得雙眼發紅，見人就咬，宛如行屍走肉一般，更不懼怕刀砍，被槍傷腹部後仍能夠堅持十幾分鐘，直到流血過多身亡，宛如喪屍一般。納粹隨後的實驗，就是降低藥物副作用，從

而達到實戰可應用的效果。所謂「安樂死」的意思，是讓試驗者進入死亡狀態，利用藥物將人體機能再生，腦部停止活動，把試驗者變成無意識的活死人，如此一來「喪屍」就可產生作用。

不過，這時戰爭的局勢已經大大不利於納粹，實驗進程因而嚴重耽擱。納粹投降前，大部分資料已被銷毀，或被盟軍轟炸研究基地時和毀掉。但是部分文件可能被納粹逃亡份子帶往南美，甚至為美蘇兩國所奪取，成為極密資料，直到現在還沒有公開。

究竟納粹是否真的製造喪屍軍團？一些研究納粹陰謀論的學者認為大有可能。一個名為 Operation Bodysnatch 的盟軍行動，於1945年4月27日展開。美國陸軍軍械公司的七名士兵，在德國圖林根（Thuringian）森林北部尋找隱藏的彈藥庫。到達Bernterode的鹽礦時，士兵發現一個製造炸彈和儲存設施的地下基地。這礦山下的基地要乘電梯深入地底1800英呎，內裡約有23公里隧道，估計藏有40萬噸彈藥。

士兵在距離地面10公里的電梯井，發現一條好像被新水泥密封的通道。出於好奇心，七名士兵鑿開牆壁。進入這處空間後，眼前的事物讓他們大吃一驚：裡面藏有大量被盜的藝術品、盒子和遺物，以及許多普魯士國旗和大量納粹制服。在相鄰的房間，發現四個大棺材，其中有一個裝飾有大花圈和納粹十字記號的紅絲帶，棺材名字寫著阿道夫希特拉。當然這棺材是空的，因為歷史上三日後希特拉才於柏林自殺。

經仔細檢查，他們注意到每個棺材上均以紅色蠟筆潦草地寫了幾個字「King Frederick Wilhelm I」（腓特烈威廉一世），「King Frederick The Great」（腓特烈二世），「Field Marshall Paul von Hindenburg」（保羅‧馮‧興登堡），最後是「Frau von Hindenburg」（興登堡夫人）。雖然不知道納粹黨為何儲存這些遺骸，但有研究者認為這是納粹，尤其是祖先遺產學會，有計劃地以某種方式希望復活或複製這些德國英烈出來。50年代 Life Magazine 報導此新聞時，曾經寫過一段說話：「當這些被隱藏的屍體重新出現時，他們會被復興的納粹份子推崇，讓另一個新世代的德國再次復興和征服全世界。」

　　納粹喪屍，聽起來很荒謬，但某種意義上，這些喪屍有別於電影《活死人之夜》，或海地活死人般，而是「有可能」以某種方式實現「喪屍化」，這可能需要某種醫療程序來消滅智力和理智，並將人類身體機能減到最低。藥物，甚至病毒、細菌（狂犬病）等，一切能夠達至成果，將人變成無意識野蠻人，納粹都納入研究之中。希姆萊、祖先遺產學會、納粹國防軍等有沒有進行超人士兵、亡靈戰士或喪屍研究，目前幾乎沒有證據指明是真實。不過喜愛「納粹神秘學」的人仍會繼續發掘和研究下去。無論故事傳聞中有多少是真實，多少是捏造，真正的邪惡仍會潛伏在世界中，在深處徘徊。當時機成熟，所有答案到時自有分曉。

納粹傳說的亡靈古堡

　　希姆萊相信各種巫術與超自然學說。上文所說納粹喪屍傳聞的神

秘基地究竟在哪裏？

二戰期間，納粹在德國本土及歐洲各處，像奧地利、波蘭、捷克等地都建造了地下基地，納粹寶藏、原子彈、飛彈，甚至太空計劃各種傳聞便從這些地方擴散出來。戰後不同國家相繼發現納粹隱蔽基地，令歷史、陰謀論研究者相信某些傳聞可能是真的。直至現在，仍有研究者出書談論納粹各種神秘學。

納粹喪屍有實驗室，納粹飛彈就有地下基地，當然納粹魔法就有陰森古堡。從50年代流行文化起，這些設定已在小說和電影中出現。如電腦遊戲《Wolfenstein 3D》以納粹魔法、圖勒協會為遊戲的設定。而在 Apple II 的前作《Castle Wolfenstein》和《Beyond Castle Wolfenstein》中，創作人就以歷史中7月20日希特拉刺殺案為創作藍本。《Wolfenstein》系列一直以納粹作遊戲背景，當《Wolfenstein 3D》成為熱賣品，人們開始感興趣，究道內裏的圖勒魔法、反重力能量，以至充滿魔法生物的神秘古堡是否真的存在呢？

捷克斯洛伐克的豪斯卡古堡，可能是納粹古堡的原型。波蘭和捷克是納粹最早入侵的國家，很多納粹傳聞都與這兩個國家有關，像納粹飛碟和納粹鐘，便由波蘭和捷克的基地所製造。

1939年，納粹只用短短18小時即侵佔捷克斯洛伐克，直達布拉格。入侵歐洲不久，希姆萊在1939年建立黨衛隊國家安全部（RSHA），將黨衛隊保安局與內政部的治安警察合併，且在戰時不

斷擴張。RSHA派遣蓋世太保（納粹德國時期的秘密警察）負責收集情報、防暴及控制思想形態，其複雜性與今日政府組織不能相比。內裏簡單分為七個部門，其中Amt VII（第七辦公室），黨衛隊以信息收集為主要任務。由於希姆萊沉迷魔法和煉金術，相信捷克在中歐藏有最多煉金術的文獻和資料，所以在第七辦公室屬下建立H特別部門（H-Sonderkommnando）。H代表德語單詞Hexe，意思是巫術。

　　從1935至1944年間，納粹在德國本土和歐洲估計至少260個圖書館裏尋找關於巫術、魔法、煉金術和神秘學的文獻。佔領捷克後，黨衛隊把境內四座北波希米亞古堡Houska，Mimoň，NovýBerštejn和NovýFalkenburg據為己有，整個行動絕對保密。四座城堡全部以Bergen 1至4為代號，而豪卡斯城堡就是2號。

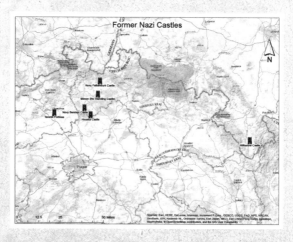

　　1945年戰後，盟軍在這四座古堡裏發現大量神秘學古籍。很多神秘學研究者認為，希姆萊除了收藏書籍外，還在四座古堡中進行

魔法和鍊金術的研究。關於豪斯卡古堡於二戰時1938至1944年的歷史，幾乎沒有任何文字紀錄提及，可謂一片空白。這段真空期是否發生一些不可告人的事？時至今日，很多捷克歷史學家都嘗試發掘這段日子曾發生什麼。納粹統治者為什麼被豪斯卡古堡所吸引？

神秘的豪斯卡古堡

據說，由希姆萊所領導的黨衛隊，直接在豪斯卡古堡進行神秘實驗。二戰末期納粹部隊須撤出波希米亞戰場時，城堡裏依然有黨衛隊留守，這是一個不能解釋的謎團。理由或是納粹相信城堡擁有一股巨大的神秘力量。這種力量，可能是如惡魔力量般的生化武器，或能製造出亡靈戰士……甚至有傳聞指裡面藏有能進入第四度空間的通道。

這說法，好些外國談論納粹神秘學的書籍均有提及。或許，納粹黨想藉此城堡讓軍隊自由進出四度空間，從而改變歷史扭轉戰局。

更匪夷所思的傳聞，是希姆萊吩咐黨衛隊在城堡裏利用黑魔法召喚惡魔。二戰結束後，當地居民嘗試清理豪斯卡城堡，在裏面發現三個納粹黨衛隊遺骸，屍體呈現不自然的死法，面上充滿驚嚇的表情。居民又說，二戰期間城堡內經常傳出恐怖聲音，不時見到很多像霧又像影的鬼魂出現。另一傳聞說，居民運送糧食給城堡內納粹軍隊時，

曾看到年輕女性進入城堡內，但從未見過她們離開。納粹軍可能用女性祭獻來進行召喚惡魔儀式，且儀式由希姆萊直接指揮。究竟是真是假，當然無人知曉。

2016年，有外國神秘學網站貼出一段新聞說，希姆萊在捷克圖書館收藏很多有關女巫的書籍。部分書籍是挪威共濟會的魔法、巫術書籍，另外還有德國中世紀處決女巫的宗教裁判處證供。歷史研究者指出，在1935至1944年間納粹黨在歐洲各地不停搜集這些神秘學書籍，期間更有很多猶太學者從集中營徵召出來，幫助納粹黨翻譯神秘學書籍。佔領期間，納粹大量殺害共濟會會員，吞佔資產。戰後歐洲共濟會幾乎滅絕，直到現在仍元氣大傷。所以豪斯卡城堡內的事情是有跡可尋的。

位於捷克布拉格北方約10公里的豪斯卡古堡，外觀看來和一般城堡沒太大分別。在此我引述外國網站的歷史資料：豪斯卡城堡曾被世界旅遊網站選為最可怕的旅遊景點，傳說城堡下方是一個深不見底的地洞，那裡是地獄入口。這座城堡建設的目的，就是為了防止地獄惡魔從地底走出來。城堡從中世紀到現在都有許多離奇詭異的傳聞。

豪斯卡城堡於建於13世紀中葉，下令修建的是波希米亞國王普熱米斯爾奧托卡二世（Ottokar II of Bohemia）。13世紀時，他是歐洲中區霸主，在位期間讓波希米亞帝國的軍權地位到達頂峰。他對外宣稱建造城堡的目的是為皇室成員提供行政支用，但是，建設地點卻不符宣稱的功用，城堡建於石灰岩懸崖上，周圍是一大片樹林濕地，沒

有任何天然屏障，不僅不利於軍隊防衛，甚至連駐守的價值也沒有。在這人煙少得可憐，沒有任何商貿價值，甚至沒道路通往的城堡，卻裝上很多假的門窗，這些門窗裝飾彷彿只供外人觀看，並無任何實際意義。直至現在，很多遊客看到假門窗都覺很奇怪，不明白為何要這樣做。城堡內雖有四、五層樓高，內部卻沒有樓梯，要到其他樓層，還必須用繩索幫助才可以上去。

17世紀中期後，城堡的塔、護城河和其他防禦設施被拆除。到了18世紀，城堡改建成文藝復興式。及至近代，經歷共產主義時期的捷克，整座城堡完全荒廢失修，直至現代方由現業主 Jaromir Simonek 和 Blanks Horova 進行翻新和維修。城堡連煮食廚房、儲存食水的地方也沒有。大部分防禦設施均非面向外面，而是朝內庭院建造，看起來完全不是為了防禦外敵，而是為了防止內部的東西離開。這些古怪的格局，對於所謂皇室行政所用根本不合邏輯。很多人說，這城堡根本像一座大型監獄。

巨大裂縫與地獄入口

根據捷克編年史記載，中世紀時這地區有一處非常巨大的裂縫，裂縫下面是一個深不見底的無底洞。傳聞無底洞裏居住著一個遠古的半人半獸惡魔，以及一群擁有黑色翅膀的惡鬼。當時村民對此傳聞深信不疑。相傳，洞內惡鬼會在夜間出門，殺害動物，並將附近的人類變為牠們的同類，因此居民紛紛搬離了。居民稱該無底洞為地獄入口（Gateway to Hell），他們嘗試用石頭填平無底洞，但不成功，因此用石板蓋住洞口，並在上面建了一座小教堂。

　　到了17世紀，瑞典帝國攻佔東區大部分領土，佔領了豪斯卡城堡。佔領城堡的瑞典指揮官叫奧蘭多（Oronto），他是一個魔法師及鍊金術師。奧蘭多佔領城堡期間，他都躲在城堡中的實驗室研究黑魔法及長生不老藥。起初相安無事，但奧蘭多的士兵漸漸像受邪靈入侵一樣開始殺害無辜居民。最後，這名研究鍊金術的指揮官被當地兩個願意冒險的獵人殺死，實驗室則留下一大堆難以解釋的實驗器材、奇怪化學物質和一些看不明白的文獻。時至今天，豪斯卡城堡的靈異傳聞仍是不少，有旅客在參觀城堡時看到靈異現象，譬如見到穿著古老服飾的鬼魂出現。很多外國靈異節目亦以古堡為拍攝對象，曾有攝製隊收錄到鬼魂的聲音、拍到鬼魂黑影的片段。究竟鬧鬼事件是否和無底洞惡魔有關，尚沒有任何定論。不過節目中的受訪者，包括導遊、

工作人員都認為古堡擁有強大的邪惡力量，認定有邪靈居於古堡中。

　　傳聞無底洞在古堡內教堂下面。經歷時代變遷，這座城堡裏最早的建築物，在700年間沒有什麼大變動。教堂內的壁畫可追溯到15世紀早期，即城堡興建後數年所繪畫的。壁畫描述了不同型態的惡魔和魔鬼，令人難以解釋。最顯眼和最大的壁畫，繪畫了大天使米迦勒手持天使之劍，與惡龍魔鬼及一羣墮天使作戰的場面。很多學者認為，這間教堂的大天使米迦勒壁畫是鎮壓惡魔之用。另一張壁畫相信描述了豪斯卡城堡傳説，上面畫著上身是女人，下身有四腳的怪物，如同人馬座中的人馬。人馬右手持弓，彷彿要獵殺人類般，其左手還與撒旦聯繫在一起。一個異教生物作為教堂裝飾，實在非常不尋常。在中世紀。研究人員認為壁畫的半人獸怪物，正是從埋在教堂下的地獄之門走出來。

　　除了詭異的壁畫，更有很多人聲稱見到一隻巨型青蛙和黑色惡犬。牠們經常出現在教堂角落，雖然目擊牠們的人沒有受到攻擊，但兩隻古怪生物當遇見人，便會發出疑似攻擊的哮叫聲。這種聲音令人非常恐懼，不想再停留在教堂。有人還看見一個身穿長袍的中世紀修士，手裏拿著一把斧頭攻擊看到他的人。曾經有一個受驚的旅客從教堂逃離，大喊大叫極度恐慌，告訴其他人以後不會再來這地方。他冷靜後講述事件，當他觀看壁畫時，旁邊突然出現一個非常憤怒的修士向他走近，拿住斧頭迎面劈下去。被劈的旅客竟然毫無損傷，而那修士亦漸漸消失眼前。旅客嚇得立即逃跑，驚恐的過程令他發狂失控。之後，一直有旅客聲稱見到修士怒目相向甚至襲

擊他們，迫令旅客離開。

 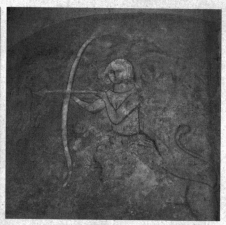

豪斯卡城堡彷彿受著一股邪惡力量所包圍。中庭內經常發現黑色雀鳥的屍體，有旅客看到雀鳥猛烈撞向牆上自殺。城堡看更更目睹一個無頭鬼魂，在院子裏蹣跚而行。像溫子仁的電影，無頭鬼魂被斬首的斷口會湧出血來。住宿的旅客於深夜聽見腳步聲、看見影子人，更是司空見慣。

無底洞與時空入口

歐洲研究豪斯卡城堡的學者認為，城堡中庭的佈局含有神聖幾何（Sacred Geometry）的原理。從柏拉圖和畢達哥拉斯開始，神聖幾何學在歐洲成為秘法家、數學家、魔法師，甚至煉金術師用畢生精力探求答案的學問。建築師會利用神聖幾何學來建造神殿和廟宇，為皇族建城堡，試圖藉建築物內在能量，和神建立關係。幾何學中有種正多面體叫柏拉圖立體，在豪斯卡城堡中常可發現。建造者是否利用神

聖幾何學的原理，嘗試將邪靈困在城堡中，從而聚集強大能量，以至出現眾多靈異現象和鬼魂事件？這些詭異的負能量甚至可能造出一個時空入口，這時空入口以無底洞為中心。另一種解釋指，建造城堡的原因除了防止惡魔出現，亦因有人知道利用魔法儀式，可在無底洞製造時空入口。

捷克著名浪漫詩人卡里爾馬克（Karl Hynek Macha）曾在豪卡斯城堡度過一夜，並將當晚遇見的奇怪經歷寫信告知朋友。他説，1936年某夜，因旅途關係，他要借宿豪斯卡城堡一晚。當晚他發了一個很真實而奇怪的夢。在夢中，他彷彿靈魂離開身體，腳底下有一個巨大坑洞，黑洞有著巨大的吸力，把他往下吸扯。他感到在黑暗隧道中快速墮落，跌到不知名地方。這時候，他瞠目結舌地看著眼前一切，形容是從未見過的地獄景象，四周滿佈各種巨型建築物和移動的金屬怪物。馬克説他認出這地方就是布拉格，但無法理解身處的地方，為何變成這番景象。

這時候，有個小女孩在他面前打開一個盒子，盒子裏面有許多無法解釋的真實畫像（可能是我們現今的照片）。小女孩告訴他，這景像是170年後的布拉格，也就是2006年。小女孩離開後，馬克視線突然漆黑一片，他繼續往前走，走到一個峭壁山岸，向下望去，眼前又是一群大型機械和金屬建築物。他在信中描述的景象，今天證實了和現在的布拉格很相似。

寫了這封信描述異象後，沒有人再進一步探究為何馬克會發怪

夢，因為同年11月，馬克在家裏死於肺炎。究竟他在豪斯卡城堡所遇見的事情是什麼，已無人能知道。不過，納粹的希姆萊要在這城堡派黨衛隊駐守，相信基於種種歷史和傳聞，而黨衛隊根本沒有做軍事工程，更沒有參與任何作戰行動。近年，仍有遊客拍攝到鬼魂在城堡出現，可見說豪斯卡城堡是納粹亡靈城堡，的確沒有錯。

納粹與各個神秘組織

近代歷史將納粹德國殺害猶太人、發動戰爭描述得十惡不赦，希特拉是殺人魔、暴君。很少人思考為何他們要這樣做？為何德國民眾支持發動戰爭？這個人民選舉出來的政黨，因何成為龐大的國家機器？種種問題不是三言兩語便能解釋清楚。

整個納粹思維形態怎樣形成，與納粹神秘學如何拉上關係，前文已有初步解說。本篇文章我嘗試講述大家喜愛的各神秘組織和納粹的千絲萬縷關係。

單是德國歷史，學者們已可獨立寫一本書。故此我盡量簡單從納粹神秘學講起。19世紀末20世紀初，德國正處於一個非常特殊的

政治環境。失去神聖羅馬皇權之後，它需要重新尋找自己的身份認同。第一次世界大戰後，德國民心非常失落，各種神秘學說、歷史哲學，甚至科幻小說、電影都非常受歡迎，德國人民希望在心靈上尋找寄托，逃避社會的挫敗氣氛。從20年代德國電影流派的表現主義，如《卡里加里博士》、《大都會》等，我們可了解當時特別的環境氣氛。此時，各種秘密社團興起，德國社會嘗試在古代神秘學說裏尋找德國的原始精神；反猶主義、雅利安文明漸漸在德國人民心中得到認同。

這環境下，出現了一個足以影響德國近代發展的秘密社團日耳曼騎士團（Germanenorden）。一股神秘學思潮興起，背後推動力之一就是塞波騰道夫（Baron Rudolf Freiherr von Serbotttendorff）。他在1918年於慕尼黑創立圖勒協會，這是日耳曼騎士團的分支秘密團體，據說基於古老北歐神話衍生出來。

塞波騰道夫的暗殺組織

塞波騰道夫出生於Hoyerswerda（位於德國薩克森州德累斯頓東北部），是機車工程師的兒子。他1900年因涉嫌行騙，在7月前

往埃及轉到土耳其，1901年在伊斯坦堡定居，在大型莊園擔任工程師，於當地加入共濟會和拜克塔什教團（Bektashi Order）學習伊斯蘭蘇菲派神秘主義、鍊金術、伊斯蘭秘學、占星術，及反布爾什維克的意識形態。這些思想，成為他日後的理論基礎。1905年，他回到了德累斯頓，與克拉拉沃斯結婚，但這對夫婦很快於1907年離婚。1911年，他成為奧斯曼帝國公民，不久被外籍人士海因里希・馮・塞博特多夫（Baron Heinrich von Sebottendorff）收養。後來他回到德國繼續使用此貴族身份，但受到其他人對身份的質疑。

1910年塞波騰道夫在伊斯坦堡混合蘇菲神秘主義、共濟會、玫瑰十字會主義建立了一個秘密團體。該團體信仰暗殺，此信仰源自伊斯蘭教以斯瑪利什葉派（阿薩辛派），盛行於十字軍時期。阿薩辛派就是神秘學愛好者所認識的「山中老人」領導，以暗殺為主的秘密社團。在伊斯坦布爾期間，塞波騰道夫參與青年土耳其黨發起的泛突厥運動，該運動發起於1908年，很大程度上是1915-1916年間對亞美尼亞種族滅絕的幕後支持者。

1912年至1913年的巴爾幹戰爭，塞波騰道夫用玫瑰十字會大師（Master of the Order of the Rose Garland）的身份參與土耳其紅新月會的工作，並暗中從事反猶的刺殺和襲擊活動。而這玫瑰十字會最高榮譽身份，讓他結識很多地下團體，因為玫瑰十字會在西方世界中比任何一個政府更具影響羣眾的力量。由1910年在伊斯坦堡時，他已經處心積慮建立反猶武裝組織，立志推翻由猶太人控制的世界。1913年經歷第一次巴爾幹戰爭中在奧斯曼土耳其戰役後，塞

波騰道夫帶著土耳其護照返回德國。第一次世界大戰期間，由於他的奧斯曼帝國公民身份，以及在第一次巴爾幹戰爭中受傷，他免於服兵役。1913年，塞波騰道夫回到德國，居住在巴伐利亞的巴持艾布靈（Bad Aibling）。之後他加入日耳曼騎士團，其中最重要的人物是萊比錫的特爾多爾•弗里奇、圭多•馮•李斯特、蘭茲•馮•利本菲爾斯，和菲利普•西德福。以下分述這幾人的事跡。

日耳曼騎士團

　　特爾多爾•弗里奇（Theodor Fritsch）是一位德國政治學家，他的觀點很大程度上影響了19世紀末20世紀初主流德國人對猶太人的看法。作為雅利安種族絕對優越的信徒，弗里奇對快速工業化和城市化帶來的變化感到不安，並呼籲回歸遙遠過去的傳統農民價值觀和習俗，他認為這體現了民族主義（völkisch）。1912年5月，弗里奇在萊比錫的家中舉辦了一次會議，大約有20名最激進的泛日耳曼和反猶主義者出席，其中包括在阿萊曼兄弟聯盟（Armanenschaft）擔任職務的 Philipp Stauff 以及成為日耳曼騎士團第一任領導人的赫爾曼波爾（Hermann Pohl）。

　　他們的目的是要成立兩個組織，藉以警告德國人，宣揚猶太人

的商業和金融影響力會對小企業造成威脅。兩個組織分別是鐵鎚聯盟（Reichshammerbund）和日耳曼騎士團（Germanenorden）。出生於1852年10月28日的弗里奇是薩克森的農夫之子，曾做過磨子工程師，後來又轉行擔當《小米爾斯雜誌》（Kleine Muhlen-Journal）的編輯，與當時的其他活動家相同，他的反猶主義思想，主要受到因國際猶太人的影響力而帶來的快速工業化，科技化及批量化生產，還有其對小零售商和手工業者造成的威脅所刺激。

而日耳曼騎士團，它的隱秘性反映出反猶主義者的信念。他們認為猶太人能有如此影響力，唯一可能是秘密國際陰謀的結果，而且只有類似共濟會的組織，才有能力將之付諸實行。因此，日耳曼騎士團成員的名單也應被嚴加保密，以防敵人滲透。日耳曼騎士團的會館在同年於德國北部和東部成立，一致呼籲應該將「寄生蟲」猶太人驅逐出境，以重新提煉出純粹的德國。1912年7月，弗茨瓦夫、德累斯頓、柯尼斯堡、柏林還有漢堡等地方，紛紛建立了會館，到1912年末，日耳曼騎士團宣稱自己已有至少316名成員。會館的主要任務是監視猶太人活動，除此之外會館成員也會在商業及其它事務上互相幫助。

日耳曼騎士團深受雅利安秘學影響，凡想加入騎士團的德國

人，先得展示頭髮、眼睛還有皮膚顏色，設法證明自己是確鑿無疑的純種雅利安人。任何患有身體障礙，甚至只要看起來「不太順眼」的人都被禁止加入。自第一次世界大戰在1914年爆發後，日耳曼騎士團也面臨人員和財政上的窘境。社團中許多成員先後戰死沙場，社團領導人赫爾曼波爾非常憂慮這場戰爭最終導致無可挽回的破壞。波爾的領導地位此時也開始受其他高層成員質疑，他們已經厭倦上述那些儀式和禮節。1916年10月8日，柏林會館的代表更呼籲波爾卸下職務，對此波爾下達了一道分離命令作為回應，於是日耳曼奧丁聖杯騎士團（Germanenorden Walvater of the Holy Grail）於焉而生。至於原來的騎士團，則交由歐文‧馮‧黑默丁格（Erwin von Heimerdinger）繼續領導。經過1916年的分裂後，日耳曼騎士團元氣大傷，許多成員對組織的定位感到彷徨困惑（很多人認為已形同解散）。

李斯特與沃坦異教

　　圭多‧馮‧李斯特（Gudio von List）創作過一部關於古代條頓人和沃坦（Wotan）的小說，他把尊奉這個神的教派稱為阿萊曼兄弟聯盟（Armanenschaft），此名字源自他對條頓神話的錯誤解釋。根據羅馬作家塔西陀《日耳曼尼亞志》，條頓人相信他們是圖伊斯托及其子馬努斯的後裔。即使沒有任何學術證據支持，李斯特仍然認為這些名字與日耳曼民族的農業、知識以及軍事遺產有關。阿萊曼兄弟聯盟一詞是李斯特對 Hermiones 的德國化解釋，這指的是「Armanen」，即知識份子或僧侶階級。李斯特還聲稱，睿智的阿萊曼兄弟聯盟曾是古代社會的統治機構。

李斯特是第一位將völkisch意識形態（völkisch是當時極端的德國民族主義運動）與神秘主義相結合的作家，他認為自己是與古代種族的日耳曼神父和智者之間的聯繫，稱為「Armanen」，其最神聖的象徵是納粹標誌，日耳曼人則是代表太陽的神秘象徵。Armanen的成員包括維也納市長卡爾呂格（Karl Lueger），李斯特教授了他一些神秘主義。李斯特後來將他對條頓人的信仰編纂成冊，開始對紋章學的象徵意義產生深刻興趣，於是致力發掘隱藏在盧恩字母之中的秘密，以及他認為與基督教十字架和猶太大衛之星相關聯的卍。

1902年，因白內障手術緣故，他失明了11個月，這段期間對原始雅利安語言究竟為何深思熟慮了一番，最終他相信古代的盧恩文字就是答案。他的神秘學—種族主義理論，包含他對原始雅利安語的見解，並未受到維也納帝國科學院的青睞，他所寄送過去的論文連一字評論也沒有便被退回。然而，自德國與奧地利的反猶勢力興起後，一群具反猶理念的人，在1907年共同成立了李斯特學會，為李斯特的研究提供贊助。李斯特的不實歷史學與考古學，為種族主義與極端民族主義者提供了偽科學依據，並讓德國的種族民族主義者得以把祖先上溯回充滿榮耀且純種的古條頓人，復興了沃坦異教。

沃坦異教的概念主要源自李斯特，他相信這是古條頓人的信仰，只不過後來因為中世紀日耳曼基督徒的嚴厲打壓才式微。李斯特認為，冰島、挪威、丹麥的神話，還有瑞典的古斯堪地納維亞語史詩《埃達》（Eddas），實際上是古代日耳曼人的神話編年史。《埃達》由各首樂曲、詩歌還有歷史故事彙編而成，主要講述古條頓

諸神的故事，以及相關的其它神話。李斯特將特定的盧恩文字與沃坦的詩文劃上聯繫，在其中添加了神秘學意義以及咒語箴言。這些神秘學意義與箴言成為被重新發揚的沃坦主義宗教的教義與宗旨。同時，李斯特深受失落文明與沉沒大陸的傳說所影響，堅信有阿特蘭提斯和雷姆利亞大陸，他宣稱奧地利的史前巨石遺跡，其實是阿特蘭提斯時代的文物。布拉瓦茨基夫人的神智學作品亦令他獲益良多，他甚至認為布拉瓦茨基的《秘密教義》其實受啟發於沃坦宗教，因此神智學的概念也構成了李斯特的《日耳曼人的宗教》（Die Religion der Ario-Germanen，1910）基礎。他在此書裡提出，布拉瓦茨基的「輪」，或稱為宇宙循環的觀念，來自印度教的宇宙週期觀。據李斯特所說，雅利安—日耳曼人是這循環週期中的第五種族，前四個種族分別對應著神話中的條頓巨人。

新聖殿騎士團

　　蘭茲・馮・利本菲爾斯（Jörg Lanz von Liebenfels）創立了一個名為新聖殿騎士團（Ordo Novi Templi，簡稱ONT）的團體。新聖殿騎士團選擇了納粹萬字（Swastika）作為徽章，並專注聖殿騎士團、耶穌會教義、末日論、順勢療法和優生學等主題。

　　1893年，蘭茲成為西多會修道院（Cistercian Order）的修士，在海利根克魯茲修道院（Helligenkreuz Monastery）居住。1894年，他聲稱發現聖殿騎士的墓碑，從中得到啟悟，由此發展他的雅利安主義（Aryanism）和劣等民族理論。

1899年，蘭茲被發現與其他修士發生性行為，離開了修道院。他在1904年的著作中扭曲引用聖經和耶穌會教義，利用教義徹底神聖化種族意識。他說夏娃最初是聖潔的，由於與惡魔交合，誕下劣等人種 Dark men（意思是黑頭髮的人種），導至雅利安金髮女性被黑頭髮的獸人吸引，令雅利安人異化，唯一解決辦法是通過種族隔絕，讓雅利安人和未被猶太人污染的古日耳曼人，可以再次統治黑頭髮的獸人，最終實現雅利安種族的超人境界（Gottmenchen）。這套理論稱為雅利安秘學（Ariosophy）。

　　1905年，蘭茲認識李斯特，跟隨他學習雅利安秘學，其後創立《Ostara》（日耳曼神話的春天女神）雜誌來宣傳雅利安秘學邪說。邪說一詞真是沒有說錯，因為他在文章中再三談及應重振金髮種族去統治世界，實踐方法包括種族淨化、強迫絕育、滅絕低等種族，消滅社會主義、民主主義和女權主義，將德國回歸純正種族。他在回憶錄中談及，1909年有位面色蒼白的青年出現在他辦公室，這位年輕人有禮地自我介紹，表示希望拿取一些《Ostara》雜誌。出於同情，蘭茲免費送他一些雜誌，又給他零錢以乘電車回家。這

位青年人就是阿道夫●希特拉。希特拉當權後引用蘭茲學說，造出種種瘋狂和病態行為。直到德國吞併奧地利後，蘭茲想利用希特拉的資助大展拳腳，不過希特拉卻禁止他出版和發表書本的權利。

菲利普●西德福（Philipp Stauff）是柏林著名的記者和出版商。他是一位熱情的知識份子（Armanen），是李斯特的密友，亦是李斯特學會的創始成員。西德福於1910年加入阿萊曼兄弟聯盟，這是李斯特的親密內圈。1912年，西德福出版神秘論文《Runenhäuser》（Rune Houses），延伸了關於Armanist古代遺物的論點，他聲稱古代盧恩文字學的智慧被存放在整個德國半木結構房屋的樑柱的幾何構造中，而古日耳曼的遺蹟都藏有大量秘密，必須解讀才能明白盧恩秘法。

他在姐妹組織「鐵錘聯盟」和「日耳曼騎士團」中均非常活躍。當赫爾曼波爾於1916年離開之後，西德福成為日耳曼騎士團柏林會社主要會員之一。根據特爾多爾●弗里奇在1902年的創作《The Hammer》一書，書中宣稱猶太人已污染德國，並提出生物學證據，想證明猶太人是不健全的民族，是劣種。第一次世界大戰爆發後，他們支持德國參戰，復興日耳曼民族。不過隨著戰敗，1914年日耳曼騎士團暗中動員，搜集德國猶太人叛國、對德國人抽後腿的證據。所謂猶太人令德國戰敗的說法由此而起。

圖勒協會與納粹黨的關係

1916年，第一次世界大戰期間，日耳曼騎士團分裂為兩個組織。Eberhard von Brockhusen成為忠誠的「日耳曼騎士團大師」。赫

爾曼波爾則創立另一個分支「日耳曼奧丁騎士團」（Germanenor-den Walvater）。日耳曼奧丁騎士團最初是研究日耳曼古代文化的組織，是德國神秘主義者和民族主義者所組成的團體，由Felix Niedner於1910年創立，後來由沃爾特・瑙豪斯（Walter Nauhaus）領導。瑙豪斯是一名受傷的第一次世界大戰老兵，來自柏林的藝術學生，本身是日耳曼騎士團的血統守護者。1917年瑙豪斯搬到了慕尼黑，翌年與塞波騰道夫取得聯繫，兩人一拍即合，一起在慕尼克尋找合適會員。塞波騰道夫在1918年8月18日的正式將「圖勒協會」（Thule-Gesellschaft）成為他在慕尼黑日耳曼奧丁騎士團的分支組織。

塞波騰道夫是李斯特和蘭茲的崇拜者。他深信伊斯蘭教和日耳曼神秘系統擁有共同的雅利安根源，亦被赫爾曼波爾的「遺囑學說」所吸引，於1917年末成為騎士團巴伐利亞省的大師。他負責恢復該省的組織財務，將會員人數從約100人增加到次年秋季的1500人。圖勒協會的總部設在慕尼黑四季酒店，屬於該社團的房間還裝飾著圖勒的會徽：一支被樹葉包圍，疊加在閃亮的彎曲卍符號上的長匕首。

德國在一戰中戰敗，簽署《康邊停戰協定》前夕，圖勒協會就已對皇帝的前景感到非常擔憂，更不用說在巴伐利亞還爆發了蘇維埃工人及軍事委員會奪權的革命。圖勒協會於是在1918年11月9日召開會議，塞波騰道夫在會上向他的同志發表了一段慷慨激昂的號召：「就在昨天，我們見證了所有我們無比熟悉，摯愛且視之為珍寶的一切分崩離析。在我們的日耳曼血統之王所身處的那個地方，

同樣也潛伏著我們的致命死敵：猶大。這片混亂接下來還會如何，我們無從得知。但我們可以揣測，最艱苦的鬥爭遲早會來臨，那是最危險的時候…我堅決的宣誓，圖勒會不會臨陣脫逃。我們的組織是屬於日耳曼人的，我們的忠誠也同樣屬於日耳曼。…老鷹是雅利安人的象徵，為了描繪老鷹不惜玉石俱焚的決心，牠往往都被描繪得赤紅火熱。從今天開始，紅色的老鷹就是我們的象徵，它

會告誡著我們，我們必須做好拋頭顱灑熱血的準備。」圖勒協會不斷在四季酒店召開會議，塞波騰道夫同時持續透過大眾媒體，把社團的影響力從中產階級進一步拓展到工人階級。

　　塞波騰道夫在1918年花了5000馬克買下慕尼黑出版的週報《觀察家報》（Beobachter），並將這份報紙更名為《慕尼黑觀察家報》(Munchener Beobachter und Sportblatt)。塞波騰道夫在報紙上增加了體育新聞版面，好吸引更多年輕工人階級。帶有反猶主義的社論，也從該報紙原來的出版人弗蘭茨埃爾 (Franz Eher) 手中帶了過來。《慕尼黑觀察家報》在1920年改頭換面成為《人民觀察家報》(Volkischer Beobachter)，後來還成為納粹黨的官方報紙。之後圖勒協會變得越來越政治化，更成立了一個政黨，即德國工人黨（Deutsche Arbeiterpartei，DAP）。

DAP於1919年1月5日在慕尼黑的Fürstenfelder Hof酒店成立，由圖勒協會的成員德雷克斯勒（Anton Drexler）創立，它是由德雷克斯勒創立並領導的自由工人委員會（Freien Arbeiterausschussfüreinen Guten Frieden）發展起來。它的第一批成員大多是來自德雷克斯勒的同事，慕尼黑鐵路車廠的工人。德雷克斯勒被導師Paul Tafel博士鼓勵創立DAP，Paul Tafel是泛德國聯盟（Alldeutscher Verband）的領導人，也是圖勒協會成員Maschinenfabrik Augsburg-Nürnberg的朋友，他的願望是組成一個貼近群眾和民族主義者，不像中產階級政黨。最初DAP的會員大約有40人。1919年3月24日，Karl Harrer（體育記者和圖勒成員）加入DAP，為提高圖勒協會對DAP活動的影響力，將黨名改為民主行動黨。會員資格與原來的一樣嚴格，會議也因會員人數減少，改為到當地的啤酒屋聚會。

　　1919年阿道夫希特拉加入民主行動黨。希特拉當時是德國軍隊的一名下士，於1919年9月12日在該市中心的啤酒館Sterneckerbräu舉行的一次會議，被軍部上頭命令監視民主行動黨。在那裡，他與一位客人發生了劇烈爭吵。此事件發生後，德雷克斯勒對希特拉的演講技巧印象深刻，邀請他加入DAP。經過一番思考，希特拉接受了邀請並離開了軍隊，於9月下旬正式加入。希特拉初參加聚會時，沒有會員號碼或卡片。在1920年1月該黨首次發佈，按會員字母順序排列的號碼，希特拉收到的數字為555。實際上他是第55個成員，但計數從501開始，令數目看起來更大。不過，希特拉聲稱自己是第7號黨員，為創始成員之一，在其作品「Mein Kampf」中，他說自己收到了7號會員卡。

10月16日在Hofbräukeller為黨首次演講後，希特拉很快成為民主行動黨的領軍人物。少數黨員很快被希特拉的政治信仰所折服。為了使該黨更廣泛地吸納人員，民主行動黨於1920年2月24日更名為國家社會主義德國工人黨（國家社會主義德國工人黨）或納粹黨。這個名字來自當時活躍的奧地利政黨「德國國家社會主義工人黨」（Deutsche Nationalsozialistische Arbeiterpartei），儘管希特拉早些時候建議將該黨改名為「社會革命黨」；是 Rudolf Jung 說服希特拉遵循 NSDAP 命名的。納粹黨上台後，將德國境內的秘密組織，如共濟會、玫瑰十字會、聖殿騎士團等秘密會社徹底打壓，圖勒協會亦不能倖免。圖勒協會一分為二，追隨希特拉的會員，就轉去由希姆萊領導的祖先遺產學會。

圖勒協會的核心思想

要了解圖勒協會思想，為何日耳曼文化會與北歐神話拉上關係，我們要先了解歷史和地域背景。古代北歐人的後裔，將北歐神話文化棄而不顧，已有好幾個世紀之久。北歐神話中英雄的後裔，正是今斯堪地那維亞半島及德意志東北低地的日耳曼民族。他們生長在荒涼嚴苛的自然環境，養成勇武彪悍的個性。流浪、戰鬥和狩獵是日常生活方式，他們經常遠征他國，並從異國贏得本土所無的地位與財富。他們原有的文化，未必優於被征服的國家，武器和裝備也不一定勝過對方，只是他們擁有不知恐懼的冒險精神和視死如歸的勇氣，這是日耳曼民族能侵擾整個歐洲的重要原因。

這些日耳曼勇士東征西討，遠征範圍越來越大。西元400年，他

們以萊茵河、多瑙河為界，與羅馬帝國相鄰。到羅馬國勢漸衰，他們便不斷侵擾羅馬帝國的領土。到了第五世紀中葉，日耳曼民族在東西和北面受到芬族（即被漢帝國打敗西遷的北匈奴）的壓迫，引起怒濤般的民族大遷徙。這是日耳曼人所謂的英雄時代，北歐傳奇中的主人翁大多是這時代的英雄。這次大遷徙的結果，東至俄羅斯，西至法國海岸，南至西班牙、意大利半島、西西里、北非，都受到日耳曼人侵襲，甚至遠至格陵蘭和部份美洲大陸都留有他們的足跡。

流傳至今的北歐神話，便是這民族的產物。但神話的記錄在今天的日耳曼國家中已不復存在，反而在冰島上保存下來。日耳曼諸神完全被日耳曼民族遺忘，其中最重要的原因當推與羅馬帝國的接觸，以及受基督教同化。加上天災人禍，尤其是西元1618-1648年的「三十年戰爭」，使日耳曼固有文化殘缺荒廢，寶貴的文獻傳說都因戰亂而散失。當時只有基督教的教士識字，他們既掌管記錄和文獻，對於異教傳說、抄本、歌曲等自然深惡痛絕，清掃乾淨。只有少數資料倖存下來：英國的《貝歐武夫》（Beowulf）、德國的《尼伯龍根之歌》（Nibelungenlied）和一些斷簡殘篇的《Saga英雄傳說》，以及兩部冰島神話詩集《Edda》。另外還有日耳曼民族相信祖先使用的古盧恩文字（Runenschrift）。傳說盧恩是帶有魔力的咒文。古日耳曼人相信，如果把語言定形為文字，等於將神祕力量授予敵人。因此今日不只是古日耳曼人的信仰，甚至是生活方式，均難以考證。有趣的是，圖勒協會對聖殿騎士團、條頓和寶劍騎士團的歷史和傳聞的曲解，使他們自認是正宗基督教傳承，甚至認為意大利梵蒂岡的羅馬帝國都不是真正的基督帝國。

「Thule」（希臘語：Θούλη）是希臘羅馬地理學家提出，位於最北部的土地。羅馬詩人維吉爾（Virgil）在水園詩「格魯吉亞」（Georgics）中提到了「Ultima Thule」一詞（拉丁語最遙遠的圖勒）。雖然最初圖勒可能是斯堪地納維亞半島的名字，但維吉爾將它作為世界邊緣的諺語。他們認為 UltimaThule 是 Völkisch 神秘主義者稱為古代許珀耳玻瑞亞（Hyperborea）的首都，是極端北方遺失的古代陸地，靠近格陵蘭島或冰島。「最遙遠的圖勒」（Ultima Thule）所指的是雅利安人曾居住的第一座大陸首都，此地又稱為許珀耳玻瑞亞，它要比雷姆利亞和阿特蘭提斯（都是被淹沒的古文明大陸）都來得古老。

根據在斯堪地納維亞流傳的「最遙遠的圖勒」故事所敘，那裡是一片位在北歐的富饒土地，那兒的太陽從不落下，是雅利安種族的祖先居所。許珀耳玻瑞亞坐落在北海一帶，於冰河時期沉沒了。據推測，許珀耳玻瑞亞人來自畢宿五（Alderbaran），亦即金牛座的主星，他們身高約四米，皮膚白皙且金髮碧眼。他們愛好和平，是素食主義者（希特拉也是）。根據圖勒協會的文獻記載，他們的科技極為先進，可以駕駛「維利雅」（Vril-ya）這種今天稱為UFO的飛行器四處飛翔。「維利雅」似乎具備磁懸浮功能，速度飛快，帶有兩種反向旋轉的磁場，正如我們所熟知的UFO。另外。他們還仰賴著一種稱為維利的能量，作為能源或燃料［神秘學認為維利等同以太、歐德（Od）、普拉納（Prana）、氣、靈氣（Ki）、宇宙原力（cosmicforce）、奧爾根（Orgon）…，但「vri-IL」此專有名詞意味著至高的神靈＝神性］，換言之他們能從地球的磁場中提取

能源（自由能源），就像漢斯科萊爾（Hans Coler）的「超光速粒子轉換器」（tachyon converter）一樣。

在許珀耳玻瑞亞開始沉沒時，據說許珀耳玻瑞亞人已經利用大型機器鑽出了巨大的隧道，直通地底，連接至喜馬拉雅山地下。這地下王國又稱為「阿加森」（Agharta），其首都名為香巴拉。波斯人稱這片土地為「雅利安納」（Aryana），意思是雅利安人的發源地。許珀耳玻瑞亞人的倖存者後來演化成第五代人類——雅利安人。納粹黨人認為當時世界上大多數人口都應歸為雅利安人，其涵蓋了印度人、阿拉伯人、波斯人和日耳曼人（主要是印歐語系的）。但是以猶太人為代表的部分有色人種，則是半獸人的後裔，代表著精神的墮落。

說到這裡，卡爾·豪斯霍弗爾（Karl Haushofer）曾宣稱圖勒實際上就是阿特蘭提斯。與其他西藏和印度研究者不同的是，卡爾·豪斯霍弗爾說「圖勒－亞特蘭提斯」的倖存者分化為兩個團體，一正一惡。那些自稱是「阿加森」的人屬好的一方，居住在喜馬拉雅地區，壞的一方則是意圖征服人類，並前往了西方的香巴拉人。他宣稱阿加森人與香巴拉人彼此的鬥爭已持續了好幾千年，第三帝國的圖勒協會要代表阿加森人，對抗香巴拉人的代表——共濟會和猶太復國主義者，這就是他們肩負的使命。傳說中，阿加森人直到今天依然生活在那裡。這片地下世界幾乎在所有東方傳說中廣為流傳。它的幅圓之廣，遍及撒哈拉沙漠、巴西的馬托格羅索州（Matto Grosso）和聖卡塔琳娜山（Santa Catarina）、墨西哥的尤卡坦半島、加利福尼亞州的沙斯塔山、英國、埃及、捷克斯洛伐克的地下都有其都市存在。

黑石同盟 DHvSS

1917年，塞波騰道夫、卡爾•豪斯霍弗爾、飛行員洛薩懷斯（Lothar Waiz）、聖殿騎士繼業者（Societas Templi Marcioni）的普雷特傑諾（Prelate Gernot），還有來自薩格勒布的靈媒瑪麗亞•奧西奇都來到維也納進行討論。他們希望在會面期間，竭力探索有關聖殿騎士團的秘密啟示文獻，以及秘密兄弟會「黑石同盟」（Die Herren vom Schwarzen Stein）的知識。洛薩懷斯是「聖殿騎士團繼承者」的其中一員，就我所知該組織是唯一且真正的聖殿騎士團後繼者。此組織可追溯至1307年，他們的秘密代代相傳，其中一個重大訊息是：新時代即將到來，一個從雙魚座時代變遷向水瓶座時代的交替正要發生。

THULE

SIGNET OF THE BLACK SUN
Above is the symbol of the innermost secret society of Nazi Germany: the Black Sun. It is illegal to print or display this symbol in Germany today.

ATLANTEAN GARDENS:
Banned Occult Secrets of the Vril Society

他們還對太陽年進行了討論。我們知道，月亮根據12回公轉週期，可以劃分為12個月，神秘組織的知識卻稱太陽其實圍繞另一個更大的中樞太陽（古代神話所說的黑太陽Black Sun）公轉而被劃分成12個部分。基於地球的錐形運動造成歲差，地軸的傾斜度決定了這世界的紀元長度。如是者「宇宙月」有2155年，「宇宙年」則長達25860年。根據聖殿騎士秘傳，下一次的來臨不僅是時代的更替，更是宇宙

年的盡頭和一個全新的開始。通過25860年的循環，地球將從最虛弱的時代（雙魚座）轉變成散發最強烈放射線的時代（水瓶座）。印度雅利安傳統稱此為「爭鬥時代」（Kali Yuga），亦即罪惡時代的終結。每一次時代轉變，都會造成政治、宗教、社會以及地理的天翻地覆。美索不達米亞傳統稱，這種從舊時代到新時代的轉變為三次「馬杜克的兩步伐」（double steps of Marduk），為期168年，正好處在「Ilu射線」（ILU ray），亦即神聖之光的中心點，所以神聖之光已經快要抵達地球。

「聖殿騎士繼業者」保有的完整原始文獻，對此有更明瞭的敘述。根據這份文獻，耶穌其實指定了繼承人是誰，他和服役於羅馬軍團的條頓人交談，並且告訴他們，他們就是被揀選的人民。塞波騰道夫和同志們肯定知道，條頓人就是德國人。故此，他們堅信，自己是被揀選的、要在地球上「午夜山之地」（德國）建造光之國的選民。這片土地，就是「Ilu射線」將抵達地球的地方，差不多鄰近薩爾茨堡的溫斯特山一帶。

1917年9月底，塞波騰道夫在溫斯特山會見了黑石同盟的成員，並接收了「黑紫石」（Black-Purple Stone）的力量，這亦是秘密社團的名字由來。黑石同盟在1221年脫胎於馬吉安聖殿騎士團，是在胡貝圖斯科赫（Hubertus Koch）領導下以對抗邪惡與建造基督的光之國為宗旨的騎士團體。1220年，科赫帶著一小隊東征回來的騎士，穿過美索不達米亞，在現代伊拉克舊城尼尼微附近，收到女神Isais（Isis和set的第一個孩子）的異象，告知他要去薩爾

斯堡（Untersberg），在該處建一座房子，等待她下一次轉世。於1221年，科赫在馬克特謝倫伯格（Markt Schellenberg）附近的埃滕貝格（Ettenberg）建立第一個據點，接下幾年在地下挖掘通道和地下室。其後建了一座Isais神廟。在1226年至1238年，騎士團收到了Die Isais Offenbarug的一系列預言和聖杯的訊息。騎士團在德國南部、奧地利和意大利北部組成另一個秘密組織，稱為 Die Herren vom Schwarzen Stein ，簡稱黑石同盟（DHvSS）。

　　1244年，教庭迫害法國蒙特塞居（Montsegur）的潔淨派（Cathers），屠殺當地信徒。四名潔淨派婦女冒死帶走聖杯，這聖杯是一塊半石英、半紫水晶的晶石，把晶石交給黑石同盟，並藏在薩爾斯堡山脈中。黑石同盟相信，藉著晶石的強大振頻，引導ILU Ray神聖之光來到地球，德國便會出現救世主，建立神聖日耳曼帝國。除了黑石外，Isais還賜與兩件重要的聖物，一件是Isais鏡，此鏡能超越世界看透過去和未來；另一聖物是奧丁長矛的尖部，它被製造成匕首。此匕首同樣具超越時空能力，只要人拿著此匕首，通過黑石能力和儀式，就可以進出時空。黑石也另有用途：騎士剪下頭髮，包裹在黑石中，該人便可利用頭髮接收訊息（這與維利會以頭髮接收訊息很近似）。

　　黑石同盟的信念，除了保存聖物外，就是對抗黑暗力量，以聖殿騎士團的秘法，世世代代維持這使命。而納粹黨的黨衛隊，就是從黑石同盟演化出來的武裝組織。黑石同盟所對抗的黑暗力量是什麼？《舊約》裡摩西崇拜的上帝——雅威／ 雅赫維／ 耶和華曾對亞

伯拉罕說：「我是全能的上帝！」這句話在希伯來文裡是這樣的：「Ani ha El Shaddai」，它的意思是：我是伊勒沙代［被放逐的天使（Shaddai El）、墮落者或撒旦］（參見《創世紀》17:1的原始譯版：如《新國際版聖經》New International Version）。塞波騰道夫清楚意識到：伊勒沙代，即《舊約》裡的上帝，其實是一位破壞者，是真神之敵。他（伊勒沙代）的追隨者會盡一切可能試圖毀滅地球、自然以及人性。而這群追隨者還堅定不移的信奉《摩西律法》，這些人就是希伯來人。

在《約翰福音》8:39-45，耶穌說得很明白。「他們（猶太人）說：我們的父就是亞伯拉罕。耶穌說：你們若是亞伯拉罕的兒子，就必行亞伯拉罕所行的事。我將在神那裡所聽見的真理告訴了你們，現在你們卻想要殺我，這不是亞伯拉罕所行的事。你們是行你們父所行的事。他們說：我們不是從淫亂生的；我們只有一位父，就是神。

耶穌說：倘若神是你們的父，你們就必愛我；因為我本是出於神，也是從神而來，並不是由著自己來，乃是他差我來。你們為什麼不明白我的話呢？無非是因你們不能聽我的道。你們是出於你們的父魔鬼，你們父的私慾你們偏要行。他從起初是殺人的，不守真理，因他心裡沒有真理。他說謊是出於自己；因他本來是說謊的，也是說謊之人的父。我將真理告訴你們，你們就因此不信我。」所以正如上文所說，除了北歐神話外，聖殿騎士團的傳說也是「納粹神秘學」最基本及最重要的部分。

114

為何希特拉要消滅猶太人？從圖勒協會及由德國工人黨改組而成的SS黨衛隊看來，猶太人是《舊約》中上帝雅威為了「把地球毀滅殆盡」而豢養的走卒，是為什麼戰爭與衝突總在這世界肆虐的罪魁禍首。這組織堅信他們的使命是與猶太人鬥爭，尤其對抗猶太商人、銀行家和秘密社團體系，並遵循雲哈嘉（Sahaja）的啟示，將光之國迎奉到世上。圖勒協會、黑石同盟和維利會構成了納粹黨最核心的秘密組織，其存在甚至在德國軍部也只有少數人知悉。接下來，本書便會講維利會和納粹飛碟。

維利會與納粹飛碟

　　瑪麗亞奧西奇是著名的靈媒，亦是維利會的領導者。她出生在奧地利維也納，父親是來自薩格勒布的克羅地亞移民，母親來自維也納。當德國民族運動興起，瑪麗亞很快追隨此運動；該運動的其一目標是將奧地利與德意志帝國聯繫在一起。1919年，瑪麗亞和男朋友遷居慕尼黑，男朋友後來成為她的未婚夫。兩人日後同在1945年失蹤。

Original

Original

Nachgestellt

在慕尼黑，瑪麗亞與圖勒協會保持聯繫，未幾她與來自慕尼黑的特勞特（Traute A.）以及幾位朋友一起創建了自己的圈子：「全德國形而上學協會」（Alldeutsche Gesellschaftfür Metaphysik），亦即維利會（Vril Gesellschaft）的官方名稱。會員都是年輕女士，這圈子甚至反對女性以短髮風格出現。瑪麗亞和特勞特都是漂亮的女士，頭髮很長；瑪麗亞金髮碧眼，特勞特是棕色頭髮，她們都留長馬尾，是當時非常罕見的髮型。這成為所有維利會女性的其一顯著特徵，皆因她們認為長髮是宇宙天線，可以接收來自外界的訊息，與外星人交流。然而在公共場合，她們幾乎不會束馬尾示人。為了識別維利會成員（也稱為Vrilerinnen），他們會戴著一個代表維利會的徽章。

1919年豪斯霍弗爾（Karl Haushofer）創立第二個組織光明兄弟會（Bruder des Lichts），後來因認識瑪麗亞的緣故，把光明兄弟會改名為維利會（Vril Gesellschaft）。該組織主要由日耳曼騎士團、聖殿騎士繼承者的黑石同盟，以及從圖勒協會和納粹黨衛隊前身的日耳曼黑騎士（Schwarze Ritter）和黑太陽（Schwarze Sonne）的核心成員所組成。

1919年12月，來自圖勒協會、維利力量信徒和黑石同盟的秘學家在德國的Berchtesgaden附近租了一間林務員的小屋。豪斯霍弗爾帶來兩位美麗女子，其中一位是年約18歲的文靜少女，基於特別原因不公開身份，她自稱為希格琳（Sigrun），另一位正是瑪麗亞。兩名女子除了外表美麗，豪斯霍弗爾還說她們有心靈感應能力，其中瑪麗亞已經開始和某個外星文明進行交流。瑪麗亞的心靈

感應方式，是透過「自動書寫」來記錄和外星交流的訊息。她在聚會上向來賓展示了好幾頁寫滿奇特符號的手稿。

　　自從瑪麗亞認識圖勒協會成員，塞波騰道夫和豪斯霍弗爾已對瑪麗亞的靈力和手稿非常感興趣。對照過日耳曼騎士團和寶劍騎士團在德國留傳的文獻，他們認定瑪麗亞的手稿內容真實無誤。聚會前，豪斯霍弗爾細閱所有手稿，他發現手稿的其中一篇內容關於聖殿騎士團密碼，另外一篇則是蘇美楔形文字。經過翻譯後，發現兩篇手稿的內容均十分驚人，並且具備足以令人信服的證據。這兩篇手稿竟然是建造反重力引擎的技術文件！瑪麗亞收到外來訊息時，她只知訊息來源於愛德巴蘭（Aldebaran），那裡位於68光年遠的金牛座太陽系，更具體地說，這文明來自一顆畢宿五星系的行星。

維利外星信息

　　在此簡要介紹一下這夥人多年來收到的信息，這些信息構成了維利會所有行動的基礎：「愛德巴蘭圍繞一個太陽旋轉，並有兩個有人居住的行星，形成帝國Sumeran。愛德巴蘭系統的人口分為『神人』（雅利安人）的統治階層和其他幾個人類種族，由於行星氣候變化，純種雅利安人產生變異，衍生其他種族。這些有色突變種族顯然處於精神發展較低階段。種族混雜得越多，這些人的精神能力就越低，導致當愛德巴蘭的太陽開始膨脹時，他們再也無法採用祖先的太空旅行技術（維度、空間轉移），亦即無法通過自身的方式離開行星，必須完全依賴較低層次的技術，以物理途徑（太空船）來撤離到其他可居住行星上。

儘管種族各有不同，但他們都相互尊重，並沒有相互干擾，所謂的『神人』和下層人種沒有衝突，每個人都尊重其他人依自身條件來發展。大約5億年前，當愛德巴蘭的太陽日益膨脹，所產生的熱量使原來星球無法居住，「光明神人」開始在其他類似地球的行星上殖民。據說在太陽系中，愛德巴蘭文明首先殖民了 Mallona（又稱為 Maldek 或 Marduk，存於小行星帶），然後轉移到火星和木星之間，最後移民到火星上。火星上存在高度發達文明的證據，是著名的火星金字塔群組成的人形面孔圖案，該城市於1976年由火星探測器 Viking 拍攝到。至於「光明神人」種族來過地球的證據，則是考古學家曾發現有5億年歷史的鞋印化石，鞋印的腳跟下更擠壓了一只三葉蟲，而三葉蟲早在約2億5000萬年前二疊紀結束時已滅絕消失。

　　Vril成員認為，慢慢適應地球環境後，愛德巴蘭的種族降落在美索不達米亞，並形成了蘇美爾人（Sumerians）的主要種族，而蘇美爾的白色人種就是之後的雅利安人。透過心靈感應，他們還發現蘇美爾語不僅與愛德巴蘭的語言相同，聽起來還像不能理解的德語，德語和蘇美爾語/愛德巴蘭語的頻率幾乎完全相同。

維利會的初期發展

　　聖殿騎士的手稿以密碼形式記述以水晶和某種地心礦石能製造強大的維利能量（Vril Force）。而另一篇手稿連瑪麗亞也不知是甚麼文字，她懷疑由古老的東方語言寫成。於是，她靠一班古巴比倫秘法師（Panbabylonists）幫助研究，這些人包括Hugo Winckler，Peter Jensen，Friedrich Delitzsch等。結果發現，這些神秘語言是古老的蘇

美爾文字，亦即古巴比倫文化的創始語言。來自維利會的希格林則幫助翻譯並破譯了圓形飛行器的奇怪圖像。聚會當天，與會人士採信了瑪麗亞的手稿，並同意協助向蘇勒學會底下的工業鉅子和其他神秘團體募款，為新引擎籌措開發經費。瑪麗亞隨後也擔任研究計劃的代言人，負責說服各方金主。另類科學的概念當時並未成熟，由於融資困難，飛機項目成型預計需要三年時間。

為何納粹執政後打壓所有神秘學組織，唯獨圖勒協會和維利會仍受納粹繼續支持，我們可以在以下事件看到原因。1924年11月下旬，瑪麗亞與塞波騰道夫一起在慕尼黑的公寓裡訪問了魯道夫・赫斯 (Rudolf Hess)。塞波騰道夫想「聯繫」一年前因心臟病去世的狄特里希・埃卡特 (Dietrich Eckart)。埃卡特將易卜生的劇作培爾金特翻譯成德文，單在柏林就有600場演出；他在劇本加入反猶太人的民族主義思想。德國一戰戰敗後，他突然收到神秘訊息，提筆寫下預言詩，說一位全知全能的日耳曼救世主即將降臨。幾個月後，埃卡特遇見口味橫飛的希特拉正在演講，他確信希特拉就是預言中的救世主，於是兩人成為老友，埃卡特在柏林的人脈關係，成了希特拉的資本。埃卡特也是圖勒協會的成員。

為了與向埃卡特「招靈」，塞波騰道夫和其他圖勒成員［其中包括占星學家埃恩斯特・舒爾特・史特郝思 (Ernst Schulte-Strathaus)］在黑色的桌子旁各人手牽著手進行招靈儀式。赫斯發現瑪麗亞的眼球向後滾動，只露出白色，嘴巴張開，所坐的椅子向後傾斜，感到很不安。然而塞波騰道夫滿意地笑了起來，因為埃卡特的聲音開始從瑪

麗亞口中講出來。「埃卡特」的聲音說，他從別人處傳遞一個重要信息：一把奇怪聲音宣稱自己是「遙遠的世界的居民Sumi，在你們稱為金牛座的星座中圍繞著愛德巴蘭的恆星運行。金牛座畢宿五星（Al-debaran），與地球圍著紅太陽轉不同，畢宿五星圍著黑太陽轉。畢宿五星上居住著雅利安人和其他人種。雅利安人天生能運用精神力操縱維利，藉此驅動飛船進行星際穿越，曾經佔領地球，這就是地球上雅利安人的由來。但是雅利安人每與其他人種交媾一次，精神力就會削弱一層。後來他們已無力駕馭維利進行星際旅行，但是可以將他們的飛船製造技術傳授他們遺落於地球的後代，助其來畢宿五星團聚。」

赫斯和史特郝思驚訝地互相眨了眨眼睛。根據「埃卡特」說，蘇美爾是人形種族，在5億年前曾短暫地殖民地球。伊拉克古城拉薩、舒魯魯巴克和尼普爾的廢墟是由他們建造的。那些諾亞方舟的大洪水（Ut-napishtim）中倖存下來的人，成為雅利安人種族的祖先。塞波騰道夫抱持懷疑態度並要求提供證據，瑪麗亞仍處於恍惚狀態，她潦草地寫了幾行奇怪的文字。這些文字被證實是古老的蘇美爾文字。

藉著通靈儀式，瑪麗亞陸陸續續為納粹記錄下了飛碟製造的技術細節。這次降靈會令到圖勒協會和納粹黨高層對瑪麗亞的靈力深信不疑，製造納粹飛碟從此成為主要研究項目。比較圖勒協會和維利會的分別，簡單來說，圖勒協會負責處理古物、文獻和組織的政治利益；維利會則更傾向於精神方面。但他們許多概念互為影響，如阿特蘭提斯、圖勒、維利地心力量。此外，關於條頓人和美索不

達米亞之間的聯繫，尋找舊日神聖之地，如德國北萊恩區，威斯特法倫州（Externsteine）石陣或奧地利Stronegg的Hausberg的條頓古遺蹟，都是圖勒會和維利會共同研究的項目。

維利飛碟計劃啟動

1919年圖勒協會和維利會在慕尼黑四處演講，將其理念和信息向廠家和大學說明，希望能籌集資金和製造設施，以盡快開展計劃。在此期間，慕尼黑工業大學教授舒曼博士（Winfried Otto Schumann）加入計劃，提供各種製造技術和數據，嘗試從維利信息中找尋實質可行辦法。舒曼博士發表演講說：「在所有事物中，我們認識到有兩個法則：光明和黑暗、善和惡、創造和毀滅——就像電力一樣，有正負兩極。這兩個法則，創造和毀滅也決定了人類的科技走向。所有破壞都是惡魔的起源，一切創造都是神聖的。毀滅的做法屬於惡魔，創造的做法屬於神聖。所有基於爆炸或燃燒的科技都是惡魔的技術。即將到來的新時代將是一個新的、積極的、神聖的技術主導的時代！......」

1922-1924年的 JFM 維度飛行器

1922年夏天，圖勒協會和維利會聯合建造了JFM（Jenseitsflugmaschine）維度碟形飛行器。第一個碟形飛行器的建造理論是基於內爆。它有三個圓盤，第一個8米寬，第二個圓盤直徑為6.5米，第三個圓盤直徑為7米。三個圓盤的整體位於直徑1.8米的中心，其中安裝了2.4米的驅動器。其底部中央體呈錐形，地窖中有一個鐘擺懸掛起來，此裝置用於穩定飛行時所受磁力的影

響。啓動時，頂部和底部盤沿相反方向旋轉，形成電磁旋轉場。電力啟動引擎和高功率發電機組成的圓柱形動力單元，同時啟動上部和下部盤板，其配備有沿相反方向旋轉的電磁鐵，以產生強烈旋轉的電磁場，其旋轉力越強，電磁場越強化。電磁場的強度足以產生頻率場振盪，理論上可增加到發生維度間振蕩的點，把「通道」打開，這就能通向另一個維度或空間。

理論上，將JFM與愛德巴蘭相應的頻率振盪聯繫起來，即可將飛行器導航到該星系，與雅利安外星人會面。其實，這台機器的唯一目的是到達愛德巴蘭，直接與那些通過心靈啟示提供技術信息的雅利安外星人聯繫。與利用破壞性重力上在空間/時間結構上打開黑洞的理論相反，維利會和圖勒會相信通過高強度磁場振盪，可對重力進行非破壞性操縱，在空間/時間逐漸打開一個小通道（蟲洞）足以讓JFM通過時空。JFM的性能至今尚不清楚。JFM只搭載引擎組件，在固定平台上進行了兩年測試。測試人員在這兩年間發現引擎的反重力和時間扭曲能力。後來JFM無預警地被拆解，然後運送到梅塞施密特公司在奧格斯堡的工廠進行「更進一步的使用」。

在幾家德國工業公司的文件中，可以找到代號為「JFM」的條目，提供項目資金的其中一間公司是慕尼黑寶馬機械廠。項目原名叫VRIL Drwe，之後正式稱為「Schumann SM-Levitator」。當時各工廠主要研究項目是一台引擎，引擎的開發計劃是由舒曼博士主持。舒曼博士發明了一種懸浮裝置「舒曼慕尼黑懸浮器」（SM-Levitator）。他對科學和科技有著獨到的見解，相信科學技術有兩

種不同的原理：外爆（惡魔技術）和內爆（神聖工藝）。原因是他從圖勒協會手中看到聖殿騎士團的手稿，經維利會翻譯得悉 JFM的原理。他相信這種理論是畢達哥拉斯發現的秘密知識，經聖殿騎士團保存下來。

JFM的所有資料一直完全保密。不過研究納粹飛碟的專家認為JFM的組件其實是「納粹鐘」的雛形。由於JFM的不穩定性和空間定點能力有誤差，兩年的製造期內，圖勒協會和納粹出現分歧。不過納粹後來以JFM的動力和反重力原理，製造出納粹鐘來。舒曼博士在戰後，憑迴紋針計劃（Operation Paperclip）去美國，於1947至1948年到懷特空軍基地（Wright Patterson Air Force）任職研究工作。究竟美國政府有否從舒曼博士口中知道納粹飛碟的秘密？相信沒有人知道答案。

1933年 RFZ 納粹飛碟

希特拉於1933年成為德國總理後，圖勒協會和維利會隱秘11年的「形而上學科學」，得到國家官方支持，得以加強發展飛碟開發計劃。

RFZ（Rund Flug Zeug）的「圓形飛機」系列，利用舒曼博士在JFM研究時開發的「舒曼慕尼黑懸浮器」。到了RFZ-2研發時，因飛行控制不穩定，在懸浮裝置基礎上另外研發了飛行控制系統「磁場脈衝操舵裝置」（Magnetic Field Impulse Steering Unit）。1939年戰爭爆發，希姆萊的SS親衛隊專門監管兩個飛碟項目，

其中較特別的是分支機構 E-IV（Entwicklungsstelle 4），旨在探索各種替代能源。這是SS黨衛隊的秘密組織「黑太陽秩序」（Order of the Black Sun）開展的科研單位，其任務是研究替代能源，使第三帝國無需受制於因戰爭造成的燃料油稀

缺。他們的工作包括開發替代能源和燃料來源，例如研究穀物酒精燃料，用於車輛和發電機的較不複雜的燃煤發動機，以及高度先進的液氧渦輪機、全反應渦輪機、AIP（空氣獨立推進）發電機，甚至是EMG（Electro-Magnetic-Gravitic）發動機。

Thule Triebwerk驅動系統

該小組於1939年開發出革命性的電磁引力發動機，將漢斯科勒（Hans Coler）的自由能發電機改進為能量轉換器，與Van De Graaf波段發電機和馬可尼（Marconi）渦流發電機相結合，形成強大的旋轉電磁場。據稱這能影響重力和減少質量。它被指定為Thule Triebwerk驅動器（Thrustwork，a.ka.Tachyonator-7），並被安裝到圖勒協會設計的飛碟中。

該部門的任務是開發世界上第一個電磁重力驅動系統的 Haune-bu型納粹飛碟。這時候，維利會設計的RFZ-5，已被軍方改進為

HAUNEBU-1，而 RFZ-7 型則變更為 Vril-1 型。其驅動系統也更名為「Thule - Vril驅動系統」。

自1935年以來，圖勒協會一直在尋找一個偏遠不起眼的秘密試驗場。他們在德國西北部找到了一個據稱叫Hauneburg的地方。於此地建立測試場和設施時，SS E-IV將新的圖勒飛碟稱為「H-Gerät」（Hauneburg裝置）。

許多人經常詢問，為什麼在1939年戰爭開始時，德國沒有使用這些先進而獨特的機器？簡單的事實是：儘管這些機器具有優於傳統活塞式發動機和早期噴氣式飛機的整體性能，但除了最基本的運輸和偵察工作以外，它們無法切實擔當任何實際軍事角色。強勁的電磁重力發動機難以控制，無法模仿 Me BF 109 或 Fw 190 等高性能戰鬥機的飛行特性。

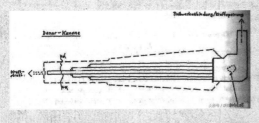

除了一些證明在飛行中不切實際的輕型MG和MK大砲，以及實驗性質相當重的Donar（類以死光的武器）和噴射式機槍砲（Kraftstrahlkanone）之外，從RFZ-1至RFZ-4飛行器因為體積小，其設計中沒有進攻或防禦武器。若要裝上武器，則會嚴重破壞飛碟的穩定性。由於飛碟本身無法在內部或外部攜帶任何彈藥（炸彈，非制導火箭或導彈），只能轉彎22.5度、45度和90

度，所以在二戰中不能用作常規武器。

SonderbŸro13納粹空中現象局

除了自家研發的飛碟，德國也有研究「外來的飛碟」。德國空軍
創建一個名為SonderbŸro13的特殊部隊，以「正式」調查帝國的奇怪
空中現象，但其「非官方」身份是為了掩蓋有關飛碟的報導。1944
年9月，駕駛ME-262噴氣式機的飛行員報告發現有仙女座（Androm-
eda）飛碟。SonderbŸro13立即試圖假裝不知有這樣的飛行器。德國
作家John von Helsing曾說，有傳聞1936年德國黑森林地區和1938年
西班牙邊境地區，均曾有外星飛碟墮毀事件。希姆萊親自將殘骸回收
及加以研究，使納粹在製造飛碟的技術上得到提升，可以建造更大型
的納粹飛碟和可以容納五隻飛碟的Andromeda母船。

Haunebu飛碟

出於戰時安全原因，有關飛碟項目名稱於1939年縮短為Haune-
bu，並指定採用RFZ-5和維利引擎裝置。到戰爭後期，隨著飛碟投
產，Hauneburg工地被廢棄，轉移至更合適的 Vril Arado Brandenburg
飛機試驗場。儘管規劃為RFZ系列的一部分，但Haunebu飛碟實際上
是SS黨衛隊分支機構E-IV協力構建的「圖勒飛碟」，而RFZ系列主要
是以維利技術方向下建造，一直至RFZ-4型號。1939年，RFZ-5重新
命名為 Haunebu I。

Haunebu I建造了兩隻原型機，直徑25米，可載8名飛行員，
能達至令人難以置信的初始速度4,800公里/小時，最高達到17,000

公里/小時，並可續航18小時。為了抵禦高速產生的溫度，SS冶金學家製造了名為Victalen的特殊裝甲，專門用於Haunebu和Vril系列飛碟。Haunebu擁有Victalen雙層船體，第一隻原型機試圖裝上一個相當大的槍支裝置——雙人60毫米Kraft Strahl Kanone（KSK），它在圖勒推動器上運行以供電。有人認為這種武器的射線就是激光，但事實並非如此。

90年代蘇聯解體，流出的文件記載，俄羅斯人在1945年擊落一艘Vril 7型飛碟，船腹下的KSK槍被摧毀，戰場上發現了武器殘骸。戰後分析，殘骸的奇怪金屬球和鎢螺旋無法識別。近年有人推測，那金屬球應該是連接到圖勒推動器，形成了級聯振盪器，再接駁到一個長桶形護罩傳輸桿，包裹在一個精密的鎢螺旋或線圈中，以傳輸強大的爆發能量，足以刺穿多達4英寸的敵人裝甲！然而，沉重的槍支裝置嚴重破壞了飛碟的安全性。據說，隨後的Haunebu飛碟型號中，只安裝了較輕的MG和MK加農炮（雖然任何照片也僅見到上中下三部分內部安裝六個MK-108槍支）。Haunebu I於1939年首飛，兩架原型機都進行了52次試飛。

1942年，直徑26米的Haunebu II已準備好進行飛行試驗。這飛

碟可乘9名飛行員，速度可達6,000-21,000公里/小時的超音速，飛行持續時間為55小時。它有兩層Victalen特殊裝甲隔熱層，原型機共有七隻，分別於1943年至1944年之間建造。該飛碟進行了106次試飛。

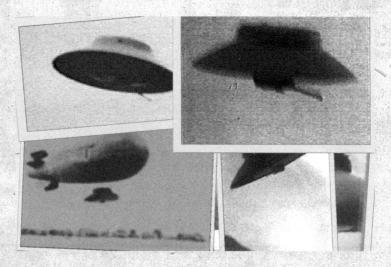

到了1944年，Haunebu II增加了武器系統，直徑增至32米，取名為Haunebu II Do-Stra（Dornier STRAtosphären Flugzeug），並建造了兩隻原型機。這隻巨大的飛碟由20名軍人控制，飛行速度超過21,000公里/小時的超音速。SS黨衛隊打算為製造飛碟招標，分別有Junkers和Dornier兩間生產商投標，在1944年末至1945年初Dornier被選中。因戰爭關係，該飛碟只進行了少數飛行測試。而Haunebu II Do-Stra是唯一一隻非黨衛隊製造的飛碟。

其後，納粹開發了更大的、直徑71米的Haunebu III。在戰爭結

Haunebu III

Jagdtiger, im Hintergrund H III

束前，此型號只製造了一隻原型機。它可載乘32人，達7,000-40,000公里/小時的飛行速度。它有一個三重特殊裝甲船體，據說續航時間在7-8週之間，該飛碟進行了19次試飛。這艘飛碟於1945年3月用作圖勒協會和維利會的撤離工作，計劃命名為春天女神（Ostara）行動，目的地是南極211基地。Haunebu III內裏可能載有A-9/A-10火箭，SS黨衛隊的將軍Hans Kammler乘它抵達南極，傳聞納粹登月計劃從此開始。

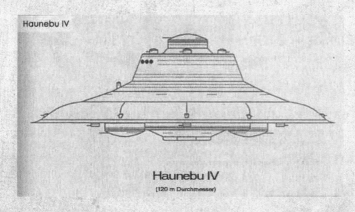

Haunebu IV

Haunebu IV

(120 m Durchmesser)

至於120米直徑的Haunebu IV，直至戰爭結束後也沒有人知道有此型號。坊間的預想圖很多是網絡創作出來。不過，戰後有Haune-bu飛碟的部件在蘇聯佔領區的德國隱蔽地下基地被發現，所以有傳聞蘇聯和東德在戰後繼續製造飛碟。此外，很多納粹飛碟在德國戰敗後，為人駕至其他地方。

Vril飛碟

1941年希特拉禁止所有秘密社團後，圖勒協會和維利會在希姆萊的SS E-IV屬下仍秘密研究納粹飛碟。維利會以Die Kette為代號，與德國軍部的情報組織Abwehr及SS的祖先遺產學會有著非常密切的聯繫。在RFZ-5改良設計變成Haunebu I時，維利則繼續發展出RFZ-6和RFZ-7。

因維利會和圖勒會分歧擴大，故此RFZ-6是維利會主導設計和製造的飛碟。飛碟直徑約30米，飛行速度3200公里/小時，底部裝有Doner光線炮。傳聞內部設有睡眠倉，相信用作長途飛行。但因SS E-IV主力研發Haunebu I，所以RFZ-6只有一隻原型機。和Haune-bu I 一樣，這飛碟面積比以往飛碟巨大，在測試過程中非常不穩定，因此RFZ-6很快便終止測試。維利會轉移加速研發RFZ-7。

當 Haunebu I 出現，圖勒協會就企圖把飛碟變成武器和宇宙飛行器（Raumshiff）。相比之下，維利會只想開發飛行器，藉此前往距離地球68光年的金牛座愛爾巴蘭。大家需理解，納粹飛碟只能在地球內飛行，因機員的壓力衣、氧氣供輸等種種問題，加上納粹太空計劃在1940年後才啓動，所以傳說中直至Vril 7型才可離開地球在太空飛行。有關納粹太空計劃留待將來再談。講回維利會，因與圖勒協會見解不同，這組織計劃從SM-Levitator發展出Vril Triebwerk驅動系統。

1941年，維利會把RFZ-7轉變為獨立製造的「獵人」（Vril 1 Hager），它的直徑為11.5米，只有一名飛行員，時速可達2,900公里/小時至12,000公里/小時。它起初帶有金屬圓頂，但隨後的測試版本改用高強化玻璃穹頂，可以容納兩名船員。其飛行耐力為5.5小時。計劃中兩把MK-108加農炮和兩把MG-17機槍裝備在「獵人」中。「獵人」在1942年至1944年間共製造17隻，進行了84次試飛。

第二代的「毀滅者」（Vril 2 Zerstorer）是一種非常先進的橢圓形飛碟。有一本講述納粹飛碟的書提及，因「毀滅者」施工太複雜，外定位儀需要重新設計和製造，預計在數年才能夠完成，所以沒有開始施工。Vril 3和4已被拍照，但沒有找到任何資料留下；Vril 5和6同樣沒有資料，可能只得設計圖。

Vril 7 Geist（Ghost）的直徑為45米，可載14名飛行員。它建於1944年，採用維利會自家研發的Triebwerk驅動系統，在阿拉多—勃

蘭登堡（Arado-Brandenburg）進行測試。Vril 7 Geist專為空間飛行而設計。傳說一隻Veil 7從阿拉多出發到外太空測試，返回時機身嚴重受損無法修復。目前未知這艘飛船是否有人駕駛，但配備Victalen混合金屬的船體嚴重翹曲，令維利會重新審視Victalen並且停止駕駛員再到地球外測試。

　　維利會的希格琳（Sigrun）經常前往該設施監督施工和測試。1944年，有阿拉多工程師向她求助，他們想知道Vril Triebwerk驅動系統是否可以適用於他們的Arado E.555戰略轟炸機項目。工程師們被告知：「不」。工程師之後返回原有的單位，最後製造了11種不同版本的實驗轟炸機。Sigrun實際上受到了侮辱，因為維利飛碟的整個建造目的都針對太空飛行，沒有傳統的轟炸機可以承受維利驅動系統帶來的速度及熱量。維利飛碟的船體由一種稱為Viktalen的先進金屬（或稱Victalen或Viktalon）製成。Vril 1

擁有一層特殊金屬外殼，Vril 7兩層，大型的Haunbeu III有三層。此外，對維利會來說，他們不願意浪費寶貴時間去研究戰略轟炸機項目。

但自從1941年入侵蘇聯，納粹於東線戰場漸漸失利，盟軍反攻北非和歐洲，納粹加速發展各種「末日武器」，納粹飛碟亦榜上有名。隨著局勢發展，1944年後納粹實驗武器都要裝上實戰武器，以便隨時派上戰場作戰。黨衛隊要求每個飛碟必須具備武器裝置，故此Vril 7 Geist裝上四架MK-108機關炮。儘管1945年納粹展開桑格爾（Sänger）的超音速轟炸機項目，以及帝國航空部（RLM）下令建造Horten XVIII飛翼轟炸機，但這樣的嘗試只屬白費，因為這時納粹已經節節敗退，盟軍開始轟炸工業設施。

維利會於1945年3月開始撤離到位於南極新士瓦本（Neu Schwabenland Antarctica）的南極211基地。

Vril 8 Odin是在1945年春天第三帝國敗亡期間進行飛行試驗，最後的一隻維利飛碟。該飛碟在控制中心頂部安裝了一個自動向上射擊槍（Oberon）。試飛幾周後，德國投降。不過盟軍有很多報告指，戰敗德國的天空中屢屢發現Haunebu和維利飛碟飛過。

外國書籍說，有文件顯示，Vril 7 於1944年底完成試飛後，開始了秘密行動。它在奧地利薩爾茨卡默古特（Salzkammergut）的Mondsee著陸，進行潛水測試船體的耐壓性。在1945年3月和4月，

或許為了安全和戰略原因，Vril 7 駐紮在阿爾卑斯國家要塞（Alpen-festung），從那裡飛往西班牙，將納粹人員安全帶到南美和南極洲（Neuschwabenland）在戰爭期間建立的秘密德國基地。

雖然維利會的「環球獵人」飛碟（ Vril 9 Abjäger ）只有紙上設計圖，但戰後世界各地有人拍攝到的飛碟，其中有些樣貌和「環球獵人」非常近似。

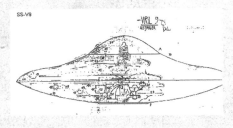

傳說中，納粹還設計了一艘宇宙飛船Vril 10。由於維利會的文檔在撤離前已被銷毀，Vril 10 Fledermaus（蝙蝠）和計劃中的Vril 11只能從盟軍於1945年獲取的不完整材料中見到一點線索（其中大部分從火焰中救出的）。雖然Vril 11的資料很零碎，但Vril 10可描述如

下：一個大圓盤，直徑約
60米，為重型特殊金屬結
構。它起命為「蝙蝠」，
是由於頂部形狀奇特的塔
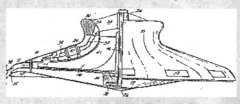
式結構，長而彎曲的外側和中央主體下方彎曲的向下圓盤尖端。強
化玻璃視窗位於主盤塔中。該飛碟設計用於攜帶和運輸。整個系統
很難從零碎的草圖和簡要說明中分辨出來。由於其他維利飛碟缺乏
任何承載能力，因此Vril 10似乎是用作供應運輸工具。

較大的Vril 11被稱為「魔鬼」（Teufel）。零碎資料訊息講述了
它名稱意思為「魔鬼之門」它採取未命名的「角形」工藝，另有球
狀單位。Vril 11的建造目的尚不清楚。

此外還有一隻資料不詳的 Vril Dorn Verteidiger飛碟（Thorn
Defender荊棘防衛者）。在1945年3月帝國崩潰前，維利會將飛碟技
術撤離到南極211基地，Vril 8 Odin是他們建造的最後一隻官方設計
的飛碟。但戰後，德國原先佔領地的天空，仍不時有人目擊Haune-
bu和維利飛碟，這是否意味圖勒協會和維利會仍在某處製造飛碟？
如果是的話，Vril 10和11也可能與「荊棘防衛者」同一時間製造出
來。Thorn Defender似乎沒有配備標準的維利或圖勒Treibwerk發動
機，因為其體積很小，可能採用某種形式的維利懸浮裝置或更先進
的縮小型圖勒引擎（Thule Tachyonator）。「荊棘防衛者」估計是
無人駕駛的，可能是某種偵察探測器，或是大型飛碟的防禦系統。

根據 Vril 11（魔鬼）的資料，「荊棘防衛者」應是跟隨Vril 11作為「後衛」飛行。大多數維利會設計的飛碟都沒有武裝（專為維度飛行或太空飛行而設計），因此「荊棘防衛者」極有可能配備某種形式的電磁干擾裝置，禁止其他飛機偵察到Vril 11的存在。西方國家把納粹飛碟命名為「火球」（WNF Feuerball）武器，據1944年至1945年和美國陸軍航空軍（USAAF）和英國皇家空軍（RAF）的轟炸機相遇個案，「火球」飛碟在防禦入侵者時應該攜有靜電場干擾器。因此，如果戰後納粹飛碟繼續被秘密發展，「荊棘防衛者」可能攜帶更複雜的武器系統。

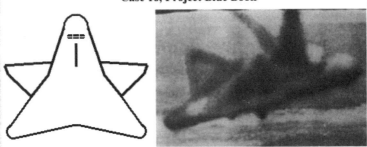

April 27, 1961, Bruno Ghibaudi, Montesilvano (Pescara)
Case 16, Project Blue Book

Appears to be a triangle airframe lifting body
Its a personal transport craft - no payload space - tapers flat
Likley to have an SM lifter at centre - highly efficient, cheap to build
Global transport craft for South America to Europe runs

60年代Project Bluebook的目擊報告中見到線索。1961年4月27日在意大利佩斯卡拉（Pescara），一名任職記者的男子Bruno Ghibaudi意外拍攝到「荊棘防衛者」的容貌：流線型的機身，有兩隻三角型像

魚鰭般的機翼，在飛行器後部像有兩至三個球狀推進器。這張照片準確地描述 Vril Dorn Verteidiger 的形狀和外貌。題外話，在戰後很多飛碟目擊個案中，所描述的飛碟形狀均與納粹飛碟很相似。這些飛行器是從南極211基地、南美納粹基地，還是美蘇等國家取得了維利技術而製造出來？真得一個不解之謎。

維利會最終計劃是建造一個長達139米的雪茄型宇宙飛行器，SSE-IV把它稱為「仙女座母艦」（Andromeda Gerät）。在1943至1944年間，納粹幾乎用盡國家全部能力來製造飛碟，維利會更決定嘗試建造一隻大型太空飛船。這一次，它由SS黨衛隊建造，調動包括奴隸、勞工及設施工具等SS的所有資源。由於項目非常龐大，希姆萊成立特殊部門SS EV（E-5）。這艘稱為Andromeda Gerät的雪茄型飛行器，長139米長，直徑30米，速度為300,000公里/小時。建造時間可能始於1943年初，在一所偽裝為庇護工場的舊式齊柏林飛機庫

興建。這艘飛船設計成可放置 Haunebu II 或 IV 飛碟，固定在一個大型托架中，另一些較小的 Vril 1 或 2 號飛碟，則放於輔助托架中。它們均可從船隻的側面進入。每艘飛船可載130人，船體擁有四層的特殊裝甲。SS EV 製造團隊將北歐神之名暱稱飛碟作「Freyr」和「Freya」。

「仙女座母艦」前後部分的推進系統，超越最後期Haunebu型飛碟的圖勒引擎7c驅動器。飛行器擁有四個巨大的動力單元，兩個Tachyonator 11在前面，兩個在後面，另外四個大型「舒曼慕尼黑

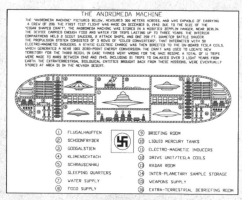

THE ANDROMEDA MACHINE

THE "ANDROMEDA MACHINE" PICTURES BELOW, MEASURED 300 METERS ACROSS, AND WAS CAPABLE OF CARRYING A CREW OF 200. THE FIRST TEST FLIGHT WAS MADE ON DECEMBER 8, 1942. DUE TO THE SIZE OF THE "CIGAR SHAPED CRAFT", THE ANDROMEDA MACHINE WAS STORED IN A MODIFIED ZEPPLIN HANGER, NEAR BERLIN. THE DEVICE CARRIED ENOUGH FOOD AND WATER FOR TRIPS LASTING UP TO THREE YEARS. THE INTERIOR COMPARTMENS HELD 2 SCOUT SAUCERS, 2 ATTACK SHIPS, AND ONE 200 FT. DIAMETER BATTLE SAUCER. THE PROPULSION SYSTEM CONSISTED OF 3 ROWS OF "COLER CONVERTERS", THAT INTERACTED WITH 50 ELECTRO-MAGNETIC INDUCERS. A STATIC ELECTRIC CHARGE WAS THEN DIRECTED TO THE ON-BOARD TESLA COILS, WHICH GENERATED A NEAR 100% ZERO-POINT ENERGY CONVERSION. THE CRAFT WAS USED TO LOCATE NEW TERRITORY FOR THE THIRD REICH, IN CASE THINGS WENT WRONG FOR THE NAZI REGIME. A TOTAL OF 11 TRIPS WERE MADE TO MARS BETWEEN 1942 AND 1945, INCLUDING 8 TRIPS TO GALAXIES OVER 3 LIGHT YEARS FROM EARTH. THE EXTRATERRESTRIAL BIOLOGICAL ENTITIES BROUGHT BACK FROM THESE MISSIONS, WERE EVENTUALLY STORED AT AREA 51 IN THE NEVADA DESERT.

① FLUGALHAUFFEN
② SCHOONFRYDER
③ GOOGALSTIEN
④ KLIMENSCHTACH
⑤ SCHRAUSENHAU
⑥ SLEEPING QUARTERS
⑦ WATER SUPPLY
⑧ FOOD SUPPLY
⑨ BRIEFING ROOM
⑩ LIQUID MERCURY TANKS
⑪ ELECTRO-MAGNETIC INDUCERS
⑫ DRIVE UNIT/TESLA COILS
⑬ RADAR ROOM
⑭ INTER-PLANETARY SAMPLE STORAGE
⑮ WEAPONS SUPPLY
⑯ EXTRA-TERRESTRIAL DEBRIEFING ROOM

懸浮器」單元設置於飛行器的頂部和底部。研究學者普遍認為，這些引擎屬於相同的EMG（Electro-Magnetic-Gravitic）類型，但其他盟軍情報人員認為，他們可能是源自某隻大型光子飛行器，證據是這些飛行器會發出大量明亮的光源。維利會可能只是簡單地使用Tachyonator術語來描述能量驅動的運作，所採取的技術未必一樣。「仙女座母艦」設計為武裝船隻，配備五個砲塔，配備強大的航空加農炮或鐳射加農炮（Kraftstrahlkanone 或 Power Ray Cannon），但令人懷疑的是，武器實際上只是在建造中的原型。

當美國陸軍在1945年遇到其中一台未完工的飛行器時，由於飛

船上有突出的天線，美軍誤以為這是無線電塔。加上機器的巨大尺寸，令人難以聯想到它是飛船。直至有人爬上它並發現一個破碎了的玻璃駕駛艙。半成品的油漆成灰色，沒有任何標記，由於德國人撤退，他們似乎帶走了敏感的導航設備和推進系統，造成船體的損壞。除了兩個外露的船艙，內裏沒有任何Haunebu或Vril飛碟。

第三帝國故事的結局與其興起一樣奇怪。神秘飛碟的實際數量有多少呢？無人知道。不過在戰爭後期至1945年間，相信已有很多Haunebu II和Vril 7型飛碟在德國和其他歐洲國家飛行。甚至，維利會已測試好的Vril 8 Odin、更加流線型的Vril 9 Abjager等，也似乎已可實際飛行。這些飛碟沒有被摧毀，大概於1945年3月撤離到安全而免遭盟軍轟炸的地區。

第三帝國的飛碟故事，並未以第三帝國崩潰而告終。1943年12月，瑪麗亞與西格倫一起出席了由維利會在科爾貝格海濱度假勝地舉行的會議。會議主要目的是針對「愛德巴蘭計劃」。維利靈媒已收到關於愛德巴蘭太陽周圍可居住行星的準確訊息，他們願意在那裡實行計劃。該計劃於1944年1月22日希特拉、希姆萊、舒曼博士和維利會成員在席的會議中再次討論。他們決定將 Vril 7(Jäger)通過一個超越光速的「維度通道」發送到愛德巴蘭。根據作家N. Ratthofer的說法，首次維度飛行的試飛在1944年末進行。試飛以災難告終，因為飛行後Vril 7看起來「彷彿已經飛行了一百年」，它的外殼看起來很殘舊，好幾處地方受到了損傷。

不過在90年代，在新納粹組織中流傳另一個版本：1943年聖誕節，維利會和圖勒協會進行了一次重要會議，會議在波羅的海度假勝地Kolberg舉行。他們認為戰事已陷於絕望，無法扭轉敗局。經討論後，維利會工作人員正研發可以轉換空間的宇宙飛船，藉進入另一個維度來到達愛德巴蘭。與希特拉和希姆萊討論後，維利工作小組於1945年初發起了一場革命性的Vril Odin飛碟（Vril-7或Vril-8）跨維度飛行，據說能以90萬公里/秒的速度旅行。航行僅持續數周（在飛碟上），Vril Odin應該在1967年到達愛德巴蘭太陽系。然後，愛德巴蘭上的雅利安人派遣了一隊巨大的星際艦隊，計有280艘戰艦和巡洋艦，從1.5到6公里不等長度的母艦，分別攜帶4到810個飛碟。航行時間取決於從「跨維管」中出現的小行星帶，而這艦隊會在1992年的某個時間抵達地球，屆時聯合世界各地的納粹支持者，在2005年延續第二次世界大戰。結果2005年甚麼事情也沒有發生，謠言不攻自破。

在納粹飛碟故事的最後補充一些資料：靈媒瑪麗亞奧西奇於1945年失蹤。1945年3月11日，維利會的內部文件被發送給所有成員，那是瑪麗亞寫的一封信。信的結尾是：「沒有人留在這裡」（niemand bleibt hier），這是維利會的最後一次訊息。從那時起，沒有人再收到瑪麗亞或其他成員的消息。有人推測她逃到了愛德巴蘭。

Chapter 3

南極的深層秘密納粹
德國侵佔南極的原因

UFO經常出沒？隱藏秘密基地？深處存在通往地底世界的門戶？南極一直披著神秘面紗。但這些傳聞並非完全子虛烏有，其中納粹黨覷覦南極更是不少研究者深信的「陰謀論」。究竟箇中有何線索或證據？

德國探索南極的古怪動機

　　納粹飛碟離開地球飛向月球建立基地，究竟納粹是怎樣能夠到達月球呢？很多傳聞和陰謀論都說南極有關。坊間有很多關於納粹的陰謀論，把魔法、遠古文明甚至和外星人聯繫起來。的確在19世紀末、20世紀初科學依然與神秘學拉上對等關係，但已有不同學者嘗試用科學、數學來尋找魔法、鍊金術的答案。納粹的異教科學就是從這背景產生出來。

　　首先我們要了解納粹在南極建立基地的原因。在19世紀中葉，歐美各國探險家相繼到達南極大陸之後，這個時期德國處於一個分裂的狀態，不能夠建立自己國家。1872年德國探險家愛德華•達爾曼（Eduard Dallmann）因鯨魚在北極水域越來越稀少，受命探索南極海域。從捕鯨的角度來看，這次探險取得成功，更重要是達爾曼在南極洲附近發現許多島嶼，包括卑斯麥海峽（Bismarck

Strait）、凱撒威廉島（Kaiser Wilhelm Island）等多個非常有用地標，對於日後編繪南極地圖有非常大的幫助。往後十年，德國人對南極週邊海域和島嶼進行多次探險，但是始終一直沒有登上南極大陸。

1901年德國對南極的考察進入了第二次高峰。探險家埃利希•馮•德里加爾斯基（Erich von Drygalski）乘坐高斯號（以數學及物理學家卡爾•弗裡德裡希•高斯 Carl Friedrich Gauss 定名）前往南極大陸探險，探索位於凱爾蓋朗群島（Kerguelen Islands）以南的未知南極洲地區，在希爾德島（Heart Island）進行考察和研究，研寫出該島地質和動植物的綜合科學報告。雖然他們被困在冰層接近14個月，卻發現了新的德國領土，並命名為威廉二世地和高斯火山。

1911年12月14日，挪威極地探險家羅爾德•阿蒙森（Roald Amundsen）到達南極地理極點，創下人類歷史第一個抵達南極點的紀錄。阿蒙森的探險隊首次勘察愛德華七世地（King Edward VII Land），發現阿塞爾海伯格冰川（Axel Heiberg Glacier）等。探險隊多次在南極海域巡航，為海洋研究提供了豐富資料。雖然阿蒙森從小就夢想征服北極，但令他揚名天下卻是南極。這次探險活動再一次刺激了德國人的情緒。於是德國探險家威廉•菲爾希納（Wilhelm Filchner）在1903至1905年率領探險隊從西藏回國後，就參與南極探險。1911年乘坐德國號進入威德爾海（Weddell Sea），並發現盧依波德海岸。探險隊原本在冰架建立基地過冬，但冰層斷裂，被困在佈滿浮冰的海上，1912年9月德國號才脫困離開。這次南極之旅以考察科研為主，而且當時德國國力有限，相比於當時的

英國和挪威，並沒有取得特別成果。到1934年至1937年菲爾希納率領由納粹德國主導下的探險隊再次前往西藏，納粹西藏探險又是另一個故事。

　　1908年英國人提出一套理論，認為南極沒有領主，任何人可以先到先得。於是英國以東西兩側為界，以南極極點為圓心，劃了一個扇形，向世界宣佈此地為英國的南極領地。隨後挪威、法國有樣學樣，劃了自己的南極領地。新西蘭、澳洲又從英國繼承了部分南極領地。

希特拉秘密派遣南極遠征隊的經濟理由

　　一戰結束之後，由於魏瑪共和國對國家控制力有限，德國的民間經濟出現了巨大的通貨膨脹，已經達到一個瀕臨崩潰的邊緣。當希特拉初上台時候，德國農業完全無法滿足國內糧食需求。各類高級營養物資，像蛋白、油脂供應大部分依賴由外國輸入。以1936年計，德國油脂產品就已經欠缺達100萬噸，1937年情況更加惡化，牛油、肥皂、甘油、潤滑劑等油脂為原料的產品，已經有90%的原料來自外國，德國急需資源。當時鯨魚油是一種非常重要的工業原料，而鯨魚已經在太平洋、大西洋等地方被長期捕獵，引至數量銳減。所以一些主要捕鯨大國，重心就轉向南極水域。對於當時德國來說，由於缺乏足夠的能力，工業需求的大量原料只能向國際市場購買，為了打破對鯨油過度外需的局面，德國對於瓜分南極渴望迫切，而且南極探險的成功，更可以振奮人心。於1937年至1938年，一隊德國捕鯨船前往南極海域進行試捕，事實證明該地鯨魚捕獲數

量確實很多，但是存有一個問題，由於南極洲邊沒有領土，沒有鯨魚油加工廠，而船又沒有具備加工鯨魚油的能力，所以這次遠程捕獲的效率非常之低。當時挪威、英國在南極半島週邊島嶼建立多座鯨魚油加工廠，就地捕獲便可以立即生產。故此他們的從捕獲鯨魚到生產鯨油，能夠取得非常巨大的商業效益。

　　挪威在南極的捕鯨站使一些納粹官員分外眼紅，而且英國和挪威宣示南極領土後，英國宣稱有權向其他國家收取捕鯨特許權的費用，故此他們向戈林等人建議要在南極建立德國捕鯨站，但並未得到納粹高層的認可。直到1938年一支德國捕鯨艦隊從南極順利返回後，這建議被提交給希特拉。當時，希特拉正在密謀發動世界大戰，在南極建立基地正好符合他的戰略目標，就此事他向德國的科學家們探詢，當時德國有部分科學家提出「地球中空」說的理論。該理論認為，在地球表層之下，存在着一個廣袤無垠、氣溫和煦的綠洲地帶。希特拉聽說之後，覺得南極實在是個大有可為之地。他派出一支由空軍參與的強大科研隊伍秘密前往南極，以便發現隱藏在南極洲冰層下面的綠洲，這是自納粹到西藏考察無果後的又一次重要考察行動。因此希特拉決定秘密向南極派遣一支遠征隊。

納粹南極領地新施瓦本之謎

　　這次南極探險由戈林（Herman Goering）授權，是納粹德國四年發展計劃的一部分。德國宣稱是延續上世紀德里加爾斯基（Erich von Drygalski）對南極的科學研究，實際上這個探險是一個秘密的軍事行動。除了探索南極之外，回程又會到巴西維多利亞洲以東1000公里外的島嶼，考察是否適合作為德國海軍潛艇的著陸點，從而建立南美納粹海軍基地。另外戈林希望能夠了解南極可能提供的戰略需要，並且希望了解飛機在低溫下的飛行狀況和功能。這些資料在入侵蘇聯時証實非常有用。戈林計劃進行一系列的南極探險，而這次1938年的探險，主要目的是為航空區域製作航空圖，然後提出領土要求和決定何處建立捕鯨基地。

1938年納粹德國邀請一名美國航行傳奇人物李察•伯德（Rich-ard E Byrd）到漢堡進行一個南極探險會談，並邀請柏德參與南極探險，但遭到柏德拒絕。當時德、美兩國並未交戰，而到1939年德國入侵波蘭，兩國先至成為交戰國。為何納粹德國要邀請伯德參與行動？上文曾說過納粹德國相信地球中空論。柏德在1926年曾駕駛飛機穿越北極，1928年和1930年飛越南極，而且據聞他曾到達過地球內部。更加巧合是美國在1947年在南極攻打納粹的「跳高行動」（Operation Highjump）的指揮便是當時已將為上將的柏德。

　　德軍總參謀部任命阿爾弗雷德•利切爾（Alfred Ritcher）為遠征隊總指揮。納粹高層提供特別設計的船隻，一艘名為「施瓦本」的貨船用於運載遠征隊員前往南極，這可不是普通的貨船，它是能搭載和起落飛機、經過改裝而成的探險船。蓋世太保對入選的隊員進行了仔細審查，最終只有24名船員被允許登船。蓋世太保還警告他們，誰要是洩露這一最高機密，他們留在德國國內的家人將被送往集中營。1938年12月，施瓦本號在遠征隊總指揮利切爾的率領下從漢堡出發前往南極。南極探險隊一路向南抵達了南極著名的瑪塔公主海岸，由此開啟了納粹德國統治期間首次遠航探險，是次最終目的就是尋找合適建設鯨魚油工廠的地方。探險隊於毛德皇后地的馬莎公主海運登錄，開始製作該地區海圖。兩架從貨船上起飛的德國飛機在近60萬平方千米的區域內飛行十餘次，拍下了超過一萬多張照片。隨後，納粹德國宣佈吞併東經20°至西經10°的南極毛德皇后地區，並將該地重新命名作為納粹德國的南極領地。

新施瓦本（Neu Schwabenland）是納粹德國的南極領地。遠征隊員在登陸地四處留下主權標記，並建立了一個臨時基地，以便進一步深入內陸考察。他們駕駛飛機飛遍了南極地域，欣喜地發現了內陸溫泉，溫泉周圍奇蹟般地生長着植物，他們將該溫泉稱為施瓦爾綠洲（Schirmmaher Oasis）。這次考察覆蓋了南極大陸的五分之一，首次發現了沒有冰凍的土地，以及湖泊和有植物覆蓋的土地。根據照片，他們發現挪威人製作的1931年版地圖並不準確　，甚至有可能故意捏造，因為裏面故意隱蔽了大量地區的細節，尤其是內陸的大片乾旱地區。由於氣候因素，在完成預定使命後，施瓦本蘭登號於1939年2月搭載遠征隊員返航。

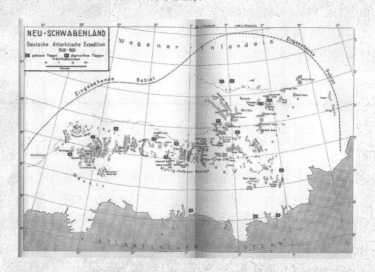

　　期間還爆發了一次外交爭端，在1939年1月14日，挪威正式宣傳對毛德皇后地有領土要求，六天後德國人就發現了隱藏的廣大無冰地區。這使得納粹對挪威的領土要求不僅蔑視甚至憤怒。這次外

交危機據説也是1940年納粹入侵挪威的導火線之一。納粹考察隊回到漢堡的時候已經是戰爭爆發前的四個月。這次科考的時間相當敏感，加上德國各個部門都投入了大量人力物力，這讓後人浮想聯翩：南極科考是否也是納粹建立千年帝國幻想的一個組成部分？德國在南極存在秘密基地的説法，也隨着那次考察而開始流傳。

遠征隊首輪行動的成功使希特拉十分興奮，他計劃在1939-1940年和1940-1941年再對南極進行兩次遠征，希特拉希望通過這兩次遠征，建立固定的南極基地，更重要的是，藉此將納粹德國的版圖擴展到南極。然而，納粹對南極的首次遠征結束僅七個月後，第二次世界大戰便爆發了，後兩次大規模遠征南極計劃只好暫時作罷。1940年6月，法國戰敗投降，希特拉再度對南極產生了興趣。他命令德國海軍總司令鄧尼茨元帥研究建立南極基地的可行性，因為希特拉希望德國海軍能通過南極基地控制南大西洋、印度洋和德雷克海峽。1940年聖誕節期間，德國海軍巡洋艦「亞特蘭蒂斯」號抵達南印度洋上的克爾格倫島，補充淡水和修整，不久德國海軍便以此為基地，往南攻擊南極附近的盟國艦隻。1940年，希特拉親自命令在南極洲建立兩處地下基地，既可作為未來的避難所，也可作為研發超級技術的實驗場。從1942年開始，納粹德國便有計劃地向南極派遣科學家。

在柏林陷落的最後時刻，希特拉與他的最後一支部隊登上潛艇，逃到阿根廷，然後輾轉來到了南極一個通往地殼深處的「洞穴飛碟基地」——雅利安城。

納粹211南極基地——雅利安城

德國南極探險隊在該地區的內部發現了幾個無冰的地區，這些地區有湖泊和植物跡象（主要是地衣和苔蘚）。探險隊的地質學家說，這種現像是由於溫泉或其他地熱資源造成的。據稱，這一發現導致希姆萊提出了在南極建立永久性基地的大膽計劃。

該地區有溫暖的淡水湖泊，證實了該地下區域都有出海口，可作為U型潛艇的避風港的好地點。在施瓦本的兩個無冰山脈，為托特組織（Organization Todt，它是活躍於1993年至1945年的德國納粹軍事工程組織，以創始人 Fritz Todt 定名。該組織負責德國、蘇聯、歐洲佔領區的大量工程項目，強迫各地集中營勞工進行強制勞動。納粹V1、V2飛彈，以及歐洲內的地下基地都由他們興建）的南極地下隧道工程所在地。這工程比他們在挪威建立原子彈和重水基地更困難，例如克服建築的地理條件、物質運輸、建築工人等，都有更複雜的問題有待解決。畢竟德國人是建造地下大都市的世界專家，南極基地問題都能夠一一解決。

1940年，納粹德國入侵挪威和冰島，除了因為對挪威的新仇舊恨，還有看中挪威的地理位置。納粹海軍可以騷擾北冰洋和北太平洋的盟國船隻，和確保瑞典從納爾維克港（Narvik）運來的鐵礦石。在佔領期間，挪威的軍港都成為U Boat潛艇基地，其中包括卑爾根（Bergen）、納爾維克（Narvik）、希爾克內斯（Kirkenes）、特隆赫姆（Trondheim）等。許多研究南極基地的專家都認為，建造基地的工人，皆從歐洲各地的集中營抓來，藉火車運到挪威再坐

船到南極。南極基地的建造時間該為1940年至1943年。

戰爭結束後，很多歷史學家嘗試尋找可以証實南極基地的文件檔案，但是全都失敗告終，只能夠從人口、物資檔案中發現納粹德國在戰事末期有很多精英失去蹤影。這令研究納粹歷史的學者懷疑，戰後美蘇兩大陣營，在冷戰期間是否有隱密檔案，保存納粹高科技，並刻意抹走資料誤導羣眾呢？我們可以透過另一個納粹地下基地的事件，推斷官方是否有所隱瞞。

德國奧赫德魯夫地下基地的驚人傳聞

美國對奧赫德魯夫（Ordruf）的資料實施100年的保密設定，任何有關奧赫德魯夫集中營和週邊基地設施，包括所有地下基地的檔案全部隱藏，而奧赫德魯夫是最後一個納粹堡壘的所在地。1944年11月，美國第四裝甲師解放這個集中營，從生還者和當地人口中得知，在喬納斯塔爾（Jonastal）山區，由黨衛軍將軍漢斯•卡姆勒（Hans Kammler）將軍的指揮下，德軍利用Buchenwald和Ohrdruf兩個集中營的囚犯，在地谷地區挖了三層地下建築物和25條隧道。

1962年，東德政府對戰爭時期奧赫德魯夫地區進行了一次調查，所有當地居民宣誓作供。居民聲稱於1945年3月在基地訓練場附近目睹原子武器測試。克萊爾•沃納（Clare Werner）講述她目擊過程：在1945年3月4日晚上9時30分，她看到訓練場發出強光，像數百個閃電般明亮，裡面是紅色，外面是黃色，像大陽般在天空出現，之後像暴風雨的雲層散向基地四周。第二天她和該地區的市

民都出現頭痛，耳鳴，流鼻血等現象。1989年東西德統一後，這些文件可供所有市民查閱，並在阿恩施塔特（Arnstadt）市政檔案館中存放。

從阿恩施塔特的文件中可以清楚地看到，Charite Anlage（是納粹鐘的動力裝置）在三層地下掩體中運作，該掩體的面積為70 x 20米。工作時，該設備會發出某種能量場，約八英里的範圍內需關閉所有電氣設備和非柴油發動機。因此Ohrdruf基地與SS近衛隊一起進行各種測試，也從未被盟軍空中偵察或遭到轟炸。1945年初公開的解密美國空軍文件承認，在法蘭克福／美因河畔以及附近位置上存在未知的能量場，「雖然看起來很奇異，卻能夠干擾我們30,000英尺的飛機發動」。**奧赫德魯夫地區的確有很多傳聞，像原子彈、A9/A10載人火箭、納粹鐘，甚至黃金寶藏都和此基地拉上關係。**

在戰爭的最後兩年，納粹如要在新施瓦本下方重建奧赫德魯夫基地，其實並不困難，加上希姆萊主導的末日武器計劃都有最高的優先地位，因此建立南極基地，具備實在的條件和原因。再者，從上述理論推測，南極基地根本牢不可破，不少人推測，**力場干擾盟軍雷達和飛機的運作，這更有利納粹帝國發展更多可離開地球之外的航天武器。**

80多年來，南極211基地（代碼Station 211）的傳言激怒了歷史學家和研究學者，正反雙方爭辯多年。難道整個戰爭期間，它

154

實際上只是一個規劃的項目，而沒有進行實質的建造工程？據說在1943年，海軍上將卡爾‧鄧尼茨（Karl Dönitz）宣佈：德國潛艇艦隊在世界另一端的香格里拉為元首建造的堅不可摧堡壘已竣工。

奇怪的是，二戰期間盟軍艦隊多次在南極海域被納粹潛艇擊沉，究竟潛艇來自何方？盟軍一直非常苦惱。而以海軍為傲的英國，便深信納粹在南極擁有基地。

nation team of Antarctic explorers will set out in 1949 to explore "Shangri-La," a warm oasis within 100 miles of the South Pole.

The oasis was photographed by Nazi flyers in 1939 and the discovery was kept secret in the Luftwaffe files, the paper said. It published one of the photographs said to have been taken

跳高行動 （Operation High Jump）是什麼

大多數傳聞都指出，南極211基地位於新施瓦本毛德皇后區中一座無冰的山峯內，要探討該基地，我們首先要認識「跳高行動」。該行動領隊是美軍的海軍上將李察‧柏德（Richard E.Byrd），他是美國駕機飛越南極的第一人，作為極地探險家，曾於1929年被德國邀請加入南極探險隊。

「跳高行動」人員超過四千，動用了13艘軍艦（含一艘航母及艦載機），對外宣傳是研究及訓練，

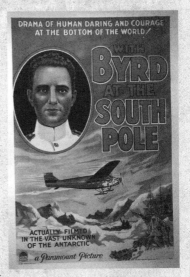

DRAMA OF HUMAN DARING AND COURAGE AT THE BOTTOM OF THE WORLD

WITH BYRD AT THE SOUTH POLE

ACTUALLY FILMED IN THE VAST UNKNOWN OF THE ANTARCTIC

a Paramount Picture

其首要任務是在南極建立考察站「小美國4號觀測站」（Little America IV），根據美國海軍報告，其目標是在寒冷條件下訓練人員並測試設備；探究南極研究考察站的可能地點、建造、維護及營運的可行性；發展冰上空軍基地的建造、維護及使用技術；並特別注意該技術於相似條件的格陵蘭島上之可用性；擴大對南極的海洋、地理、地質、天氣學及電磁傳播條件的現存知識。該行動在1946年8月開始，原定在南極研究8個月。1947年4月14日，「跳高行動」的特遣艦隊返航，不久之後國防部長占士•福雷斯特（James Forrestal）就被宣佈「自殺」，官方沒對外公佈原因。

根據官方記錄，行動中有一架飛機墜毀，三人死亡，第四個人死在冰上。另外兩架直升機墜毀，幸好乘員獲救，當中一個特遣部隊指揮官還差點失蹤。「跳高行動」的中部部隊於1947年2月22日開始撤退，西面部隊在3月1日撤退，最後離開的是東面部隊，3月4日開始撤退。

「跳高行動」的真相揭秘

綜合多方面資料，我們可以推斷出，「跳高行動」基本上是對南極的入侵計劃。由三個海軍作戰小組組成，於1946年12月2日從維珍尼亞州的諾福克出發。艦隊包括由海軍上將李察•伯德的指揮艦破冰船羅斯文（Northwind）號、彈射船松島（Pine Island）號、驅逐艦布朗森（Brownson）號、航空母艦菲律賓海（Philippine Sea）號、美國潛艇森尼特（Sennet）號，兩艘輔助艦揚基（Yancey）號和梅里克（Merrick）號，兩艘油輪Canisted和Capacan，驅逐艦Henderson

以及搭載水上飛機戰艦柯里塔克（Currituck）號。除了美軍外，行動成員還包括一支英挪聯合部隊和蘇聯部隊，相信也有一些澳大利亞和加拿大部隊參與其中。

　　到達南極後，部隊派遣地面小組，攜同拖拉機、炸藥和各種工具，負責在南極建造一處空降基地—即在冰天雪地中開闢出一個小型飛機場跑道，可以使六架R-4D（DC-3）飛機和兩架水上飛機順利降落。R-4D飛機裝備噴氣自助起飛器，可以使飛機在跑道較短的「菲律賓海號」航空母艦上快速起飛。此外，這種飛機還裝備有一種專供於冰上降落的雪撬裝置。伯德上將的小組負責六架R-4D飛機的駕駛和勘測工作，每架飛機上都裝備有間諜照相機和一台磁力追蹤儀。他們的任務是在短短三個月的南極夏季裡，測量大部分的南極大陸，記錄磁場數據。如果南極冰層表面下存在神秘「空洞」，追蹤儀能立即將其顯示出來。

伯德上將第一個駕駛偵察機起飛，六架R-4D飛機同時出動，每架飛機都按預訂的路線勘測了磁場數據後返回。奇怪的是，儘管它們的飛行線路差不多一樣長，但伯德上將的飛機卻比其他飛機晚三個小時回來，並且飛機上像被洗劫過一樣，幾乎空空如也。據稱，伯德上將在飛行途中發生了引擎故障，為了保持飛行高度，只好靠滑翔返回基地。為此，他不得不扔掉機上除膠卷之外的所有東西。可是此後，有關伯德上將在南極洲遇到了納粹雅利安城居民的説法卻不脛而走，甚至有消息稱，這是伯德將軍親口説的。據伯德稱，在南極執行任務時，他曾看到某種物體以令人難以置信的速度從他的飛機前掠過。

《Coast to coast AM Art Bell》曾經訪問聲稱是伯德上將的後人，他擁有伯德上將的秘密日記，裡面説伯德的飛機被不知名力量帶到南極地心，看到草原和長毛象，更被納粹飛碟帶到一個地下城市，與帶有德國口音的雅利安人交談。

當伯德上將歸來後，東面部隊在執行偵察任務時遇到了很大問題，首先是氣候已經變壞了，在此後的幾星期裡太陽出現的時候很短，天空都是灰色的，雲層很厚。在另一個月裡，南極完全沒有光照，海面結冰很快，船隻寸步難行，很快指揮官Dufek就放棄了，他命令艦隊向北撤退，之後還是勉強進行了兩次飛行，但在隨後數

天，水面又開始結冰，於是東面部像只好撤離了南極大陸。然而西面部像卻有出人意料的發現。

　　在1947年1月末，中校指揮官大衛‧邦傑（David Bunger），他是加州人，駕駛著PBM水上飛機從柯里塔克號起飛，飛向毛德瑪麗皇后地。進入陸地後，邦傑向西飛行了一陣，他在平常的白色冰原遠處，突然看到了非常特別的東西，那是一片深色的乾燥陸地，後來伯德形容其為「一片有著藍色和綠色湖泊和棕色群山的沒有冰雪的地方。」邦傑和他的人員仔細地勘查了那個地區，那綠洲面積大約是300平方英里，包括三個大湖泊和數個小湖泊。湖泊之間是荒地，上面有紅色的石頭，可能是鐵礦的產物。之後的幾天裡，邦傑又回到了那個地區，發現湖水是熱的，並且裡面充滿了紅、藍色和綠色的藻類。這就是湖水顏色不同的原因。他取了一瓶水樣本，後來發現湖水是鹹的，這也許是一個線索：該湖有通向大海的暗道。這是很重要的發現：溫暖的內陸湖連接著大洋，是非常好的潛艇隱蔽所，而且這些湖泊正好在新施瓦本地，傳說中納粹基地的地區。

　　傳聞艦隊遭受後來分三波的飛碟攻擊，有說是懲罰武裝部隊進入南極，有說是因為他們帶同核武。往後持續不絕的傳言稱，「跳高運動」的真正目的是要找到納粹211基地。伯德上將是否發現了「香格里拉」的所在地，至今依然是一個謎。

伯頓島（Burton Island）破冰船於1947年2月22日從鯨魚灣撤離了中央部隊；西面部隊於1947年3月1日返回美國，東面部隊也於3月4日到達家鄉，整個行程僅得八週。

最後，部隊帶著數據回到了美國，這些檔案立即被歸類為「最高機密」。海軍部長（時任國防部長）占士•福雷斯特爾突然被宣佈因精神出現問題而退休，需要醫治情緒病。他被禁止談論「跳高行動」所有細節，並被安置在貝塞斯達海軍醫院的精神病房，禁止與任何人見面或交談，包括他的妻子。最後他卻離奇死於醫院外，官方死因是自殺，草草結束案件調查。究竟福雷斯特爾説了甚麼？洩漏了甚麼機密？真相是如何？直到現在無人知道真相。有關福雷斯特死亡之謎會在後面另一章節告訴大家知曉。

可以肯定的是，這聽起來似乎令人難以置信，不過關於這些聲稱南極暗藏德國基地的說法，有相當多的證據支持。在第二次世界大戰前夕，德國人入侵了南極洲的一部分，聲稱它為第三帝國的新領土。實際上，希特拉在第二次世界大戰前不久就授權了幾支探險隊，他們表面的目標是重建和擴大德國的捕鯨船隊，建立南極捕鯨基地。但是如果屬實的話，那何不在北極，或在兩個極點同時建立領土基地，為何納粹德國要千里迢迢，花費那麼多人力物力去探索南極？這根本是說不通的。

由於「跳高行動」的細節並沒有公之於眾，一些陰謀論學者認為，納粹在南極的確有一個地下基地，他們列舉出來的「理由」包括：

1. 德國宣稱擁有南極是在戰爭爆發前夕，那時候他們所有的行動都應該和戰爭以及建立千年帝國有關。
2. 不管在戰時還是戰後，一直有納粹艦艇和U形潛艇在南極海域活動。
3. 美國在冷戰爆發前的敏感時期不惜派出如此龐大的艦隊到南極，原因為何？
4. 伯德上將曾目擊有以不可思議的速度從地球極點飛向另一極點的飛行物。而他們的基地在南極。
5. 大約25萬德國人和40多艘德國潛艇在戰後失蹤。

在1948年由軍部資助的紀錄片「The Secret Land」就是講述

「跳高行動」的經過。這部紀錄片電影由多位紅星旁述，上映後，一位據稱住在德克薩斯州、曾參與跳高行動的退休的海軍軍官，說他看到紀錄片時感到震驚，**他聲稱目擊戰機被不明飛行物體攻擊和被火箭彈擊落**，但沒想到這種情況，在紀錄片中完全沒有出現。

伯德上將回國後，被一個電視節目訪問，問及為何不去北極，卻選擇去南極。伯德上將說美國都為了科學研究而去南極，日後亦將派不同隊伍去南極探險。在隨後的訪問中，他更建議在北極建立防禦基地。伯德海軍上將後來重複了這個觀點，事後被解釋為他刻意在國際新聞社舉行新聞發佈會之前，將南北兩極探險的「個人知識」發表出來，不是政府對南北極的立場。不久他被送往醫院休息，不允許再舉行新聞發佈會。儘管如此，在1955年3月，他仍被任命為深凍行動（Operation Deep Freeze）的負責人，該行動是1957-1958年國際地球物理年（南極探索）的一部分。1957年他在

一波士頓家中死於心臟病，許多人都認為他被謀殺。

究竟誰擁有在南極的不明飛行物體？為何「跳高行動」會草草完結？納粹德國被盟軍擊敗了，沒有證據表明新出現的敵人蘇聯擁有如此先進的技術，他們像美國一樣，僅處於「火箭時代」的邊緣，完全依賴戰後從德國獲得的技術和專門知識。沒有其他已知的威脅可以解釋美國對南極洲的入侵，也不能解釋「以極快的速度從極點飛向極點」的飛行物體是甚麼。在這段隱密歷史中，兩個顯赫的人物，都離奇身亡。「跳高行動」就是這樣草草結束。

參與艦艇離奇退役

參與這次行動的的松島號（AV-12），於1942年11月16日在加利福尼亞州聖佩德羅的船廠下水。其於1944年服役，並於1945年4月26日被受命名為 USS Pine Island 號。

該船在第二次世界大戰的最後幾個月和戰後期間服役，曾參與亞洲區戰役。它在1950年5月1日韓戰爆發後退役，又於1950年10月7日在加洲阿拉米達（Alameda）重新服役，1960年代參與越戰，終於在1967年永久退役，並在後備艦隊中服役。但是松島號在不詳的日期，從海軍登記冊上除名，沒有任何退役理由，已被移交給了海事管理局，並編入了國防後備艦隊（National Defense Reserve Fleet, NDRF）。事後有人向國防後備艦隊查詢，根據職員的答覆，「松島號在不詳的日期在海軍退役，在不詳的日子轉移後備艦隊服役，並且艦艇最終如何處置，我們都沒有資料記錄。我可

以告訴的是，根據標準拆解合同，松島號1972年交付給俄勒岡州波特蘭市Zidell勘探公司。」Zidell支付了16萬美元購買松島號用作勘探工作。不過最奇怪是松島號在1971年被拖到不來梅頓（Bermerton）拆毀，和NDRF記錄全不相符。

　　這艘排水量超過15,000噸的松島號，船隻被解體並不罕見，不過在海軍船艦登記冊，有這麼大的錯誤，是否海軍軍部刻意忍隱瞞某些內情？當然這並不是唯一參與「南極研究」或「探索」而消失的船，還有很多其他的艦艇，最後都是不知所蹤。

深凍行動

　　伯德上將的第五次探險於1956-1957年進行，該行動被稱為「深凍行動」（Operation Deep Freeze），總共有三次行動。伯德上將

指揮第一次。因他在家中離奇死亡，故此第二、三次均不是由他指揮。這次行動表面是響應國際地理年。美、英、法、蘇四國，日本、挪威、南美國家智利和阿根廷都有參與。美國海軍參與行動，協助各國科研人員。陰謀學者對此行動有疑問，為何沒有德國？是否有不為人知的原因，不想西德參與其中？而且深凍行動其中一個目的是在南極洲建立三個軍事基地。問題是，如果南極洲富含礦物質，為什麼要建軍事基地而不是開採南極洲的礦產呢？既然許多私人企業公司都在開發北極，可見寒冷氣候並不是藉口。如果只是對南極的航道測量，對天氣，冰川移動的研究，為何要美軍支持，而其它盟國沒有派軍參與？這根本沒有道理。直到現在「跳高行動」的文件已經流傳出來，伯德上將可能已經在南極找到一個沒有積雪和有溫水的地區，從而証明南極礦產資源非常豐富。

唯一的線索是1947年在智利報紙《El Mercurio》上刊登的國際新聞社記者Lee Van Atta的報導。「飛機越過極點看到了很大的未知世界的中心點。美國有必要採取緊急防衛措施，這並不是什麼無謂不安的煽動。假使新的戰爭發生，美國將遭受從北極到南極以驚人的速度移動的飛行物體攻擊。這是再殘酷不過的事實。伯德上將更警告說美國需要對來自南極的敵人作出防禦。」

從這訪問就証明跳高行動肯定遇到不知名的襲擊。故此「深凍行動」是否盟國到南極的另一個行動呢？直至現在各種疑問都沒有答案。

在另一個訪問中，伯德上將還表示，美國所探險的南極洲區域，有從未被其他國家看到的地方。在這次訪問中伯德上將帶了一張古代南極地圖，此地圖被官方認可為「伯德南極探險圖」。這張地圖南極極地是白色一片。為何使用古代地圖，而非現代南極地圖？伯德沒有解釋原因。這是否他過往說要在兩極建立軍事基地的原因：南極洲或許有通道通往赤道以南的另一個大陸，南美、南非或澳大利亞，甚至可以通往北極？**納粹德**

The "El Mercurio" Article Citing Admiral Byrd's Remarks

國相信「地球空心論」，而伯德上將多次在極地探險，莫非發現了極地通道？從這些訪問中可以得出結論，如果我們經過南極，那麼我們將遇到另一個我們從未見過的世界。

風車行動的發現

　　「風車行動」（Operation Windmill）是在1947年12月時，另一支美國探險隊的南極洲考察計劃。它表面上看是一次地理調查和訓練任務，也是向前一次探險隊的「小美洲」基地永久開放邁出的一步。在這次任務的掩護下，「風車行動」的人員尋找新斯瓦本蘭基地。他們用三架直升機和一架兩棲飛機勘察了大片區域，而海軍陸戰隊的一個分遣隊配備了M29「黃鼠狼」全地形車，在基地內待命。終於，在1948年1月3日，探險隊發現一處廢棄的基地，但惡劣

的天氣使調查推遲了幾天。到了2月16日，經調查，很明顯納粹分子已經放棄了211南極基地，帶著他們的飛碟離開了。特遣部隊被召回，「風車行動」結束了。

南極條約

1955年7月，阿根廷、澳大利亞、比利時、智利、法國、日本、紐西蘭、挪威、南非、美國、英國和蘇聯12個國家的代表於法國巴黎舉行了一次南極問題國際會議。會議各方同意，今後在南極科考領域協調計劃，並暫時擱置各國對南極的領土要求。

1958年2月，美國總統艾森豪威爾向在「國際地球物理年」（1957年至1958年）活躍在南極科考領域的另外11國政府致函，邀請他們派代表到美國首都華盛頓商討南極相關問題。自當年6月起，12國代表共舉行60多輪談判，最終於1959年12月1日達成協議，簽署了南極條約。該條約於1961年6月23日起生效。南極洲全面禁止軍事行動。

暗黑指紋／高迪斯

Chapter 4

納粹南極211基地與
神秘極地人

納粹建造211南極基的真正目的是什麼？什麼是
「希特拉嬰兒」和「第四帝國」？

英國特種空勤團（SAS）曾經對211基地採取什麼
行動？

卡姆勒與南極基地211

　　卡姆勒（Hans Kammler）出生在德國的施泰因（現屬波蘭）。1919年，他自願服兵役，在羅斯巴赫自由軍團服役。1919年至1923年，他在慕尼黑和但澤學習土木工程。1932年，他加入了國家社會行動黨，並在納粹政府上台後擔任過各種行政職務，最初在帝國航空部（RLM）任職，並於1940年加入了黨衛軍。從1942年開始，他從事滅絕營的設施設計工作，包括毒氣室和火葬場。卡姆勒最終成為了WVHA（帝國行政和經濟總局）的副手，負責監督集中營系統的管理機構Amtsgruppe D（Amt D），同時也是設計和建造所有集中營和滅絕營的Amt C的負責人。1943年華沙猶太區起義後，希姆萊（Heinrich Himmler）指派他監督拆除猶太區的報復行動。

　　卡姆勒還負責建造各種秘密武器項目的設施，包括梅塞施密特Me 262和V-2的製造工廠和試驗場。1943年8月17日，盟軍在海德拉行動（Operation Hydra）中對「Peenemunde陸軍研究中心」進行轟炸後，卡姆勒被指派負責將這些生產設施轉移到地下，結果建造了「Mittelwerk帝國中央工廠」及其附屬的集中營綜合體米特堡多拉（Mittelbau-Dora）。集中營的勞工在科恩施泰恩（Kohnstein）建造地下工廠，生產V1、V2飛彈和開發秘密武器。卡姆勒還被分配負責建設約納斯塔爾和Riesen-gebirge的設施，用以研究核武器，並在奧地利埃本塞（Ebensee）研製V-2型衍生的洲際彈道導彈，既是A9/A10載人登月火箭。

1944年末，卡姆勒被任命為雷塞計劃（Projekt Riese）的負責人。這是一項神秘的工程，涉及在下西里西亞山（Silesia）區建造一些地下設施。這計劃的目的不詳，但卡姆勒一如既往的熱心使他在1945年3月晉升為「Obergruppenenfuhrer und General der Waffen-SS親衛隊」最高集團領袖。他是1945年黨衛軍中唯一一個晉升到這軍銜的人。這些經歷，使他只對黨衛軍首領希姆萊負責。幾周後，所有特殊武器的開發和製造項目都被納入卡姆勒的黨衛軍第四開發局（SSE-IV）。

卡姆勒還因為在黨衛軍中的工作而獲得了許多獎項，最終獲得了納粹對非戰鬥士兵的最高獎——戰功十字騎士勛章（Knights Cross of the War Merit Cross with Swords）。

到了二戰結束階段，卡姆勒已經是黨衛軍最高級別的成員之一，也是通緝戰犯。這時候，故事就變得非常奇怪了。1945年4月

4日，盧貝克附近的一個德軍地堡被英軍佔領。根據蒙哥馬利將軍總部部隊的戰爭日記，在那裡發現了幾輛屬於卡姆勒隨行人員的車輛。另據報道，士兵們在搜查掩體時，在一個水箱內發現了一具腐爛的屍體，上面有卡姆勒的身份證明。

然而，我們知道這不可能是他的屍體，因為記錄顯示，卡姆勒在4月13日與阿爾伯特 • 斯佩爾會面，他在布拉格一直到5月初。

盟軍對德國戰俘盤查，最終得出了幾種關於卡姆勒命運的不同版本。有一個故事說，卡姆勒是在1945年5月初捷克游擊隊的一次進攻中，在布拉格的一個地堡中自殺，或者被他的副官射殺，或者在戰鬥中被殺。另一種說法是卡姆勒在5月9日離開布拉格的德國車隊裡，據說前往捷克斯洛伐克南部皮塞克的途中服毒自殺。所有揚言卡姆勒已死的版本都說，他的屍體被埋在一個沒有標記的墳墓裡，地點不明。

然而，另一個版本是卡姆勒在5月9日被美軍俘虜，但成功逃脫。現在，你可能會想到，盟軍在聽到這些未經證實且相互矛盾的故事後，應該會就這名納粹戰犯之一的命運深挖一下。奇怪的是，他們似乎願意接受卡姆勒已死的說法，經相當敷衍了事的調查之後，卡姆勒從納粹分子的通緝名單上消失了。

1945年間，只有馮布朗的「Peenemunde火箭組」仍然不在卡姆勒的控制範圍內，因為馮布朗頑固地拒絕承認卡姆勒的權威。卡

173

姆勒和馮布朗之間的衝突，最初只是兩人簡單地性格不合，後來卻演變成對載人航天史產生深遠影響。結果馮布朗和他的火箭團隊得美軍幫助，利用迴紋針行動（Project Paperclip）逃亡到美國。

在第三帝國，除了卡姆勒就沒有人能夠對新技術的發展有如此全面的了解和遠見。隨著德國崩潰，1943年戈林的納粹空軍在英國不列顛戰役失敗，南極基地計劃由希姆萊全力推動，納粹希望快速建立南極基地，成為雅利安殖民區。希姆萊首先在烏克蘭挑選一萬名金髮藍眼少女，和2500名親衛隊，在南極冰層下建立納粹的新柏林——第四帝國。**1935年納粹為了製造所謂的純種雅利安嬰兒，發起「生命之泉」（Lebensborn）計劃，建立「育嬰農場」，招募金髮碧眼的「雅利安」婦女作為生育機器為納粹育種，意圖製造出上萬名「希特拉嬰兒」。而這計劃的控制人正正就是希姆萊。**

希姆萊與卡姆勒於1943年檢查黨衛隊的建設項目。

至於建立基地的人選，當然是有豐富建造地下基地經驗的卡姆勒。自從1938年納粹發現南極地下可以建立潛艇基地，隨著戰爭爆發，戈林已失去興趣開發南極。希姆萊因為受到圖勒協會和維利會影響，認為必須建立新雅利安殖民地，因為納粹精英最終會離開地球，前往月球和火星。南極新柏林殖民區原本設定可容納200萬人口，而且和歐洲大陸的佔領區完全分隔，皆因希姆萊心目中要建立100%純正雅利安人的帝國，所以新柏林和之後的基地211的構想有所不同。隨著納粹德國在歐洲戰場節節敗退，用以開發末日武器的基地和設施都要遷離歐洲大陸。從這刻起納粹德國準備大規模撤離，南極新柏林計劃一分為二。由馬丁●鮑曼（Martin Bowman）主理下將部分納粹成員隨同希特拉逃到南美，建立第四帝國，成為納粹最後部隊。而卡姆勒就負責將所有納粹研究的秘密兵器和科研人員遷往南極，建立211基地。至於希姆萊，**則把圖勒協會和維利會的飛碟，全部遷移到南極基地。**卡姆勒因與馮布朗決裂，改變了一項計劃的發展方向：有關V2火箭的發展，從導彈武器的方向，回復到最原始的構思——載人登月火箭。希姆萊已準備利用南極211基地，作為前往太空的跳板。納粹圖謀在月球上建立一個基地，肆無忌憚地轟炸盟軍的地方，一旦盟軍崩潰後，就以勝利者姿態地返回地球。

英國SAS特種部隊特別行動

英國從1833年以來就持續在南大西洋活躍，當時英國非法佔領了福克蘭群島。1908年英國擴大了這一領地，包括今天所謂英屬南

極領地在內的地區，直到現在英國都聲稱擁有其主權。

　　早在1943年，第二次世界大戰最激烈的時候，英國秘密開展了一項被稱為塔伯倫計劃（Operation Taberlan）的軍事行動，以便獲得南大西洋的偵察和氣像情報。這項秘密的戰時項目就演變成日後民間的福克蘭群島屬地調查局，即後來的英國南極調查局（BAS）。英國南極調查局負責大部分英國在南極洲的科學研究。

英國南極調查局研究站

　　後來許多國家開始在南極立界宣稱主權，因此到了1950年代，各國開始談判訂立南極條約，將這一地區非軍事化，並保證南極洲只用於和平科研目的，條約在1961年獲得通過。因此英國基本上將所有軍事力量撤出南極地區。

　　1938年，納粹德國派遣一支探險隊前往南極洲，其任務是調查適合建立基地的地方，並以第三帝國的名義提出正式要求。為了任務他們做好準備，先是邀請了極地探險家李察•伯德講授有關南極探險的資訊。第二年，德國對歐洲宣戰，入侵波蘭的閃電戰行動的一個月後，德國人回到了南極新施瓦本，一切準備就緒，物資開始從各地運送到南極，建立基地行動正式開始，英美都收到軍事情報，顯示納粹德國正在建造基地。

九年後，如今已成為美國海軍上將的李察・伯德被派往南極洲，率領一支歷史上規模最大的特遣隊負責一次極地任務。用伯德海軍上將自己的話說，「跳高行動」主要是軍事性質。許多人聲稱，該部隊被派去剷除毛德皇后的一個秘密納粹基地，納粹將該基地改名為新施瓦本，這是南極洲地區從未進行過的深入調查。

　　最教人驚訝的線索是，伯德海軍上將談到「可以以令人難以置信的速度從極點飛到極點的飛行物體」，而且在第二次世界大戰之前，納粹德國上台之後，德國在南極的活動已得到充分記錄，人們不禁會懷疑納粹南極神話中是否存在某些真相。 即便如此，由於美國介入南極的行動如「跳高行動」計劃，令到英國在南極的活動，甚至和納粹軍隊進行戰爭，這些資訊都被掩蓋，甚至刻意抹走。美國利用各種辦法將英國的南極任務都隱藏起來，將英國在南極活動的真相，藉著「高跳行動」，成功轉移歷史學家的視線，確保民眾只留意美國的南極行動。

　　當提到南極之謎時，英國祇不過是一個微不足道的角色而已。不過事實令人非常驚訝，整個戰爭期間英軍在南極活動亦很活躍，並且很可能早在「跳高行動」啟動前整整12個月已主動應對南極納粹威脅。英國在南極洲的活動雖然文獻記載較少，且更為秘密，與備受關注的「跳高行動」一樣令人著迷。對於英國而言，不幸的是，儘管在戰爭中取得了勝利，它卻被兩個新的超級大國興起和冷戰，而被人嚴重忽略英國在南極戰役的貢獻。

但是英國與幸存的納粹分子進行最後決定性戰鬥，重新獲得一些尊嚴，並暗中破壞二戰後納粹的擴展。南極戰爭永遠不會在歷史書籍中記載：這是一場使它在非洲大陸上的主張更加合法的戰鬥；最重要的是，這場戰爭結束了納粹原本想發動的戰爭：例如出動南美納粹最後部隊、由南極基地發動遠程導動轟炸美國本土、東歐地下基地派出飛機襲擊歐洲等。

喬治五世南極郵票引出的黑歷史

1946年2月1日，經英國國王喬治六世批准，發行了一套南極郵票。這套郵票引起了國際社會對英國的憤怒，也給疲於戰火的英國帶來了外交危機。這八枚違規的郵票是為了紀念英國的福克蘭群島屬地，但其中一枚還描繪了一幅南極洲的領土圖，完全忽略了智利和阿根廷對該片大陸領土的主張。戰後世界經濟如此窘迫的情況

下，英國為什麼要在表面上看起來完全沒有生機的地區引發國際危機？

許多歷史學家聲稱，英國對該處產生興趣是因為英國急需物資，南極洲被認為是解決問題的辦法；郵票是使英國的主張成立的一種方式。儘管這一說法部分屬實，但並不能解釋為什麼英國軍隊作為塔伯倫行動的一部分，在整個戰爭期間和戰爭結束後立即在南極大陸上行動。

塔伯倫行動的啟動目的是監視德國人在南極大陸上的活動。已知的英國行動基地主要是在南極半島上，在洛克羅伊港和霍普灣等地，以及半島周圍的島嶼，比如說在迪塞普遜島（Deception Island）和溫克島島（Wiencke Island）上。即使有些基地已知在南極大陸上建立，但其中最隱秘的基地還沒有被發現，而且很可能永遠也不會披露。其中毛德海姆基地，可能位於毛德皇后地上的米利希・霍夫曼（Muhlig-Hofmann）山脈附近，又或者在新施瓦本地區，它是如此的秘密，以至於從未在官方地圖上標示名字，甚至沒有正式的科學考證。

郵票的發行會不會是為了紀念毛德皇后地的一次成功任務？種種事實和傳言，以及一位戰時SAS軍官所講述的故事，或許能揭開南極戰場上的諸多謎團。這

條戰線被保密了60年之久，由此揭開了一場永遠不會被公開的敵對交鋒。

英國以國家安全的名義壓制了許多戰時事件，以致即使在60年後的今天，許多人仍然對戰爭的秘密一無所知。從魯道夫•赫斯到和平黨，以及更險惡的機密，包括英國對納粹滅絕營的了解、愛爾蘭共和軍與納粹的關係、英吉利海峽群島奧爾德尼島的黨衛軍集中營等，都是二戰時鮮為人知的秘密。僅僅列舉了幾例，已可見一種被壓制資訊的狀態，很多歷史事件人們會完全否認，而南極洲也不例外。

隨著時間流逝，所有在新施瓦本戰役中服役的軍人已離世，已經沒有人可証明南極戰役的存在。在網上有篇文章講述最後一位幸存者講述這場被遺忘的戰役的情況。在文章敘述補充說，這個故事是在兩個不同的場合講述的，大概相隔時間10年，兩處的敘述沒有一處有出入。

南極戰役幸存者的故事

口述故事未開始前，我先講一些前期的隱密背景。1942年正當英國為戰爭分心的時候，阿根廷吞並了迪塞普遜島，宣佈建立阿根廷南極洲。英國失去對遙遠的南大西洋領地控制權的危機，決定派出皇家海軍商船卡納馮堡號巡洋艦來解決領土問題。1943年，船上的英國一行人上岸後，在迪塞普遜島上摧毀了阿根廷人登陸的

所有痕跡，並升起了聯合傑克（Union Jack）國旗。然而當他們離開時，阿根廷人又回來了，再次升起了阿根廷國旗。英國人深知阿根廷和納粹德國的關係。英國情報顯示阿根廷可能會參與軸心國，在南美洲成為納粹入侵北美的踏腳石。當時納粹德國已在阿根廷山區內建立秘密基地，美國人卻因太平洋戰爭而輕忽此情報。故此英國為了南極領土，有必要阻止納粹和阿根廷在南極洲繼續擴展，因此啟動塔柏倫行動，派出兩艘船「HMS William Scoresby號」和

「Fitzroy號」蒸汽船前往迪塞普遜島。他們在那裡建立了一個永久性的氣象站（B基地），並在南極半島上的洛克羅伊港（A基地）建立了另一個氣象站，後來又在希望灣（D基地）建立了一個氣象站。

澳大利亞地質學家和探險家道格拉斯‧莫森（Douglas Mawson）到南極地區考察。

考察隊成員在執行科學計劃的同時，還在這些觀測點的無線電台值守，以確定德國突襲者的基地和潛艇位置。塔柏倫行動的目標是維護英國對次南極洲群島的主權，使阿根廷無法入侵福克蘭群島屬地領土；另外還有一個秘密任務，就是調查納粹南極基地的位置，做好英軍攻打基地的準備。不過當第一批部隊進駐南極基地後，英國收到部隊的無線電通訊，告知被德軍進攻，死傷慘重，要求總部救援。英國收到求救後，立刻派SAS部隊去南極進行救援工作。

新施瓦本戰役

　　談到新施瓦本戰役，我將原文翻譯出來，以下文章以第一身將整個故事告訴大家。

　　「當歐洲的勝利鐘聲敲響時，我的部隊正在前往南斯拉夫的一個山洞裡休息。戰爭結束的消息讓我們非常高興，但在太平洋的戰爭仍在繼續，而巴勒斯坦的局勢也日益緊張，因此我們知道還要繼續戰鬥。很幸運，我沒有被派去跟日軍作戰，但是卻被派往巴勒斯坦，那裡正有猶太人大量湧入，他們在猶太復國主義恐怖分子的協助下大量偷渡而來。在巴勒斯坦並不安全，不少同伴都被恐怖分子殺死了，我非常苦悶。有一天，非常幸運，我接到命令，要在1945年10月前往直布羅陀報到。雖然沒人告知為什麼要去，我還是樂意服從命令，因為我以為這樣很快就能回到平民生活了。實際上我太樂觀了，我不得不繼續在戰爭中度過聖誕節。來到直布羅陀，我見到一個少校，得知我將前往馬島。我和另外的同樣從各個精銳部隊抽調來的士兵組成新的部隊。在飛往馬島的過程中我們須嚴格保密，甚至不准猜測為什麼選我們和我們將去哪作戰。

　　來到渺無人煙的冰封馬島後，我們見到了一個顯然是負責行動的軍官和一個抵抗組織的挪威人，還有一個冬季作戰專家，由他負責訓練，當然是為那個保密的任務。我們接受

了一個月的魔鬼式寒帶戰爭訓練，項目從被扔進冰冷的大西洋到在南喬治亞島建立一個帳篷等等，我們有時候覺得這種訓練是一種失去理性的行為。但是當一個月後我們結束了訓練，並了解到真正任務的時候，才知道那行動對於我們來說生還的可能性很小，而事實上也的確如此。

命令要求我們去調查米利希•霍夫曼山脈周圍的反常活動。前方基地是英國在毛德皇后地的秘密基地。他們告訴我們，這是英國的秘密戰爭，我們就是英國在南極戰區的主力。後來我們坐在那裡都傻了；沒人聽過那麼多令人恐懼和吃驚的事情。當時公眾都不太清楚納粹在1938到1939年對南極的科考，更不知道英國為了反擊在南極大陸建立了一系列秘密基地。其中我們將前往的那個，位於毛德皇后地的，是這一系列基地中最重要和最隱秘的一個。因為它離納粹計劃在南極興建的基地只有200英里遠。我們當時坐在那裡暈暈乎乎的聽到了更大的秘密，即德國艦艇在南大洋周圍的活動。他們告訴我們，數目不詳的一些U型潛艇神秘失蹤了，而且更糟糕的是，數月前德國雖然投降，但這些U型潛艇因得到充足的燃料補給，而去了南極基地失去蹤影。

在二戰中，英國軍隊逮捕了三名納粹的高層，赫斯、希姆萊和鄧尼茨。他們向英國供認了一些信息，而英國並沒有向美國或蘇聯傳達。這些信息促使英國開展一項行動，我們則是這個行動的先鋒。英國的確懷疑納粹在南極已經建立了一個秘密基地，在歐洲混亂時候數目不詳的納粹人員趁亂逃到那裡。我們還知道了更多的秘

密。在前一個夏天，當時組織的科學家和突擊隊曾經發現了一個遠古隧道（Ancient Tunnel）。根據命令，那支部隊進入了隧道，但只有兩人在南極冬季降臨前回基地。在冬天裡，那兩人在無線電裡說一些很奇怪的事情：**極地人（Polar Men）**、遠古隧道和納粹。最後在1945年7月，通訊終於中斷了。他們最後的尖叫充滿了恐懼，像一道詛咒一樣令我們不安：『……那些極地人發現了我們！』

聽完這些介紹之後，那少校給我們作動員演講，他將帶領我們去調查到底發生了什麼。『我們將前往毛德皇后地，找到那條隧道，調查那些極地人和納粹的秘密，而且我們要確定納粹的威脅被徹底消除了。』之後是自由提問的時間，我們都問了很多問題，而且得到誠實和直接的回答。我們要秘密行動，因為美國或蘇聯也可能採取類似的行動，而**英國卻不想讓美國或蘇聯首先發現納粹的秘密基地，因為這樣會讓他們得到納粹的新式技術**。另外，英國還試圖讓南極大陸處於大英帝國的影響之下，渴望能第一個消滅納粹的最後餘孽，並以此來反擊美蘇的宣傳：二戰的最後一戰是英國完成的。根據預先計劃，我們將在距基地20公里的地方空降；那裡有一些雪地拖拉機。從我們充滿恐懼並哆嗦著空降到冰原的那一刻起，新的戰鬥開始了。我們保持無線電的絕對靜默。如果最壞的情況出現，我們將無處可逃。

我們來到基地，但沒有發現任何生命跡象，這裡完全是個鬼鎮。我們都機警起來，和以前經歷的歷次戰鬥一樣，我們不能讓恐懼妨礙自己的判斷力，我們就散開去檢查基地各處，但有人觸發了

一根絆索，頓時，尖利的警報聲劃破了寂靜，所有人驚恐萬狀。不久傳出一聲大叫，我們立刻相互檢查，但發現沒人受傷。

所有人都舉起槍準備戰鬥，這時少校命令我們搜索，後來發現這聲音是來自唯一的幸存者，他說在一號碉堡裡還有另一個幸存者，以及一個我們在無線電裡聽說的極地人。為了營救那些幸存者，軍官命令我們打開一號碉堡。那個幸存者立刻躲到後面，他的異常反應讓我們更加恐懼，沒人願意進入碉堡。很幸運，我沒有被挑選進去。這個榮耀歸了我們中最年輕的那個士兵。他躊躇著，猶豫不安地打開門，走進碉堡。這時，整個基地陷入了一片沉靜，不久之後，裡面傳來兩聲槍響，碉堡的門突然開了，一個極地人衝了出來。我們都不敢相信自己看到的東西，它很快跑了出去，融入了周圍的環境。我們甚至沒時間多開幾槍。我們不顧驚嚇進入碉堡。我們發現了兩具屍體。那士兵的喉嚨被撕破，**而更可怕的，那個幸存者的屍體被剝的只剩下骨頭**。後來有人認為，納粹德國因為東線的凍傷太大，曾開展過提高人類抗凍性的試驗，不知道所謂極地人是否這種試驗的產物。

行動開始後不到幾個小時，就有隊友死亡，我們感到非常憤怒。所有的隊員此時都圍在少校的周圍，聽他質問那位幸存者。第一個問題是另一個幸存者到底發生了什麼，而那個碉堡又如何成為極地人的陷阱。但是，那幸存者卻說要從頭說起，從他們發現那隧道開始。

他們發現的那條隧道位於一個獨特的乾旱山谷，因此他們相對容易地發現那隧道。當時基地內30名官兵都接到命令去調查隧道，查明裡面到底有什麼東西。他們在隧道裡走了數英里，最後來到了一個巨大的地下洞穴，不尋常地溫暖；一些科學家相信這是地熱的能量。在巨洞內部有一些地下湖；似乎整個洞穴是以某種人工方式照明的。它非常巨大，被分割成數個部分。

納粹在這巨大洞穴中建立龐大的基地，甚至還修建了至少一個U型潛艇的船塢。在更深入的偵察中，他們還看到了更多的奇怪東西，幸存者報告中提到『停機棚中有奇怪的飛機和挖掘機。』但是，他們被發現了，大多數隊員被抓住並立刻處死。只有這兩人僥幸逃出隧道，但『還是太遲了，極地人跟了過來。』幸存者說。

敵人的追兵一路追來，他們別無選擇只有回到基地向上級通報自己的發現。他們試圖返回基地，但冬季已經到來，他們不可能得到援助，此時兩人都相信自己的唯一任務就是活著把納粹的秘密基地報告上級。因此兩人分開了，每人攜帶一個無線電躲在一個碉堡裡。其中一個幸存者把極地人引到自己的碉堡中，希望讓敵人以為他是唯一的幸存者。計劃成功了，但代價是他的生命和無線電。不幸的是，這位勇敢軍人手中的無線電是唯一可用的無線電，它在打鬥中被破壞了。另一個幸存者只能乾坐著，無助地等待救援。關於極地人，沒有得到更多的訊息，只能認為是納粹科技的又一產物；關於納粹地下基地的能量來源，可能是利用了火山能量，以地熱來驅動蒸氣發電，但納粹還掌握了未知的能量用於發電，因為那幸

存者說『……根據我的目擊，他們產生的電量，就我看來，比蒸氣正常發電產生的要多。』和我們一起行動的科學家認為幸存者缺乏教育，還暗示他的說法可能不是真的。儘管科學家不太相信幸存者的說法，但少校卻信。他想知道敵人的更多細節，而且，更重要的是，那個極地人下面要去哪裡。幸存者的話讓我們目定口呆，恐懼是個很蒼白的形容詞，來形容我們當時的心情。極地人會等待、監視我們。它們不只要殺死我們，甚至要把我們當獵物吃掉。

聽到這裡，少校立刻下達備戰令。我們立刻對周邊嚴加防範。第二天早上，我們受命去調查那隧道，在接下來的48小時裡我們向那據說有遠古隧道之稱的乾谷前進。到了那裡，出乎我的意料，本以為南極大陸都應該是冰原才對，可這裡卻讓我想起北非的撒哈拉沙漠。在洞口附近我們開始修建前進基地，而少校和科學家則前去偵察。幾個小時之後，他們回到了已經建好的營地，並記錄下來他們的發現和下一步行動計劃，根據科學家的說法，那根本不是個古代遺跡，而少校補充說到隧道的牆面都是由巨大的光滑花崗岩建造的。他們通知我們在夜裡睡覺的時候多留一個心眼。

在南極的夏季睡覺是很困難的事，因為這時候陽光24小時普照大地；而在那天晚上，想睡覺則是更不可能的事情，我們的思緒都在不停地湧動，也許在某時某地，我們還會碰上極地人。我們在此之前被告知在隧道裡會遇到的各種情況，『……如果遇見希特拉，那也要認命。』那天晚上我們的恐懼成了現實，極地人果然回來了。但是，它沒有再給我們造成任何傷亡，我們輕易將它擊斃。科

學家對它進行了解剖，證明也一種是『人類』，只是為了御寒，毛髮系統格外發達。我們把它的屍體放入一個停屍袋，作冷藏處理，以便以後能作深入的解剖。

　　第二天早晨我們決定留下兩個人在隧道的出口處接應，包括看守屍體、拖拉機和裝備，以及更重要的：無線電。少校是探險隊的領隊，而且，他需要挪威人和科學家的幫助，還有幸存者，也是行動的關鍵。我們其他人都要和他們一起去。最後，我和其他四個歡天喜地的人一起參加了這個可能是人類歷史上最重要的探險活動。

　　而剩下兩人則非常失望，然而他們也是本次行動的關鍵所在。和其他進洞探索的九人一樣，他們的任務也同樣重要。我們九人在進洞前檢查了攜帶的彈藥和爆炸物是否足以發動一場小型戰爭，希望能把這個基地徹底摧毀。對於我們而言：不是去洗劫，而是去摧毀。我們在黑暗中行進，大約四個小時後見到了一絲亮光，然而我們又走了一個小時；此時我們每人的腦子裡都在盤算著會發現什麼東西，最後終於來到了一個人工照明的巨大洞穴。我們被幸存者帶領到當時執行槍決的地方。當我們環視這洞穴群，似乎被淹沒在如螞蟻的人群中。而更令我印像深刻的是巨大的建築。根據我們看到的規模，納粹來到南極已經很長時間了。此時科學家盡他所能記錄所有東西，繪製圖表，收集岩石樣本，拍照。而少校卻考慮如何能不被納粹發現並摧毀這裡。

　　經過兩天的細緻偵察，科學家和少校確定了爆炸物的安放點，

包括山洞頂部各處，發電站和汽油庫，如果可能的話，還包括彈藥庫。在那天，我們拍了更多照片並在洞頂佈雷；抓了一個俘虜，還發現了納粹的一些新科技，比如有關極地人的技術。當我們佈雷之後開始向隧道撤退，撤退途中我們被發現了，納粹的部隊和極地人就蜂擁而至。進入隧道前，我們曾在入口埋設了一些地雷來拖延敵軍。但敵軍仍然窮追不捨。地雷在隧道爆炸，但一些納粹士兵和極地人仍在追擊。我們邊打邊撤，最終只有三人從裡面逃出來：挪威人、科學家和我，其他的人都在阻擊戰中犧牲了。逃上來之後，我們把所有的地雷埋在了洞口。當這次爆炸之後，再也沒有洞口存在的證據了。我們放棄了臨時營地並回到毛德皇后地基地，之後我們飛回馬島所屬的南喬治亞島。我們被告知嚴禁泄漏看到的，聽到的和接觸到的任何東西。

在軍方報告裡，這隧道被描述為自然的產物冰蝕形成，而極地人也不過是蓬頭垢面的發瘋士兵，沒有任何德國人在報告裡被提到，該報告也不向公眾公開，以免美國蘇聯探聽到風聲。就這樣我在二戰的最後一個聖誕節是在南極洲度過的，自1940年以來我每個聖誕節都是與納粹的戰鬥中渡過。但糟糕的是這次行動沒有任何記錄，幸存者也沒有得到任何補助。而且，我還被迫退役。那個科學家更是和他的報告一起蒸發了。

這個行動從來沒有出現在歷史書裡，而後繼行動，1950年2月，英國、瑞典、挪威的聯合科考行動，一直持續到1952年1月，他們的主要目的是去尋找納粹在1938到39年在新施瓦本地中的發

現。那次行動的五年後,英國重返新施瓦本地和毛德皇后地,這次他們是來調查那次戰鬥後的情況。在這次行動中,英國皇家空軍數次飛過新施瓦本地,他們的公開説法是尋找建立科考站的基地,但實際上我們不得不懷疑……」(SAS軍官的敘述到此結束)

讀者們看完這段文字,相信可感受到與道西基地的描述同樣精彩,當然內裡的真偽已經不能証實。

Chapter 5

納粹三巨頭死亡留下的不解之謎

納粹黨的高層人員掌握著什麼秘密？陰謀論界提出各種說法。要探索箇中真相，我們可從英國的情報旁敲側擊當年情況。

魯道夫・赫斯掌握著什麼秘密?

由於英軍在二戰結束時控制了德國北部,戰後同時控制著北部港口,他們奪取了部分的納粹海港勢力範圍,佔領了德國海域,連接北歐四國。對於英國深入調查納粹在南北極的擴展,尋找隱密的基地,蘇聯並不在意。對英國而言極地的戰略位置非常理想,但蘇聯對柏林更感興趣,對南北極這荒蕪之地完全無興趣。至於龐大的美軍,主要駐扎在德國南部。聯軍之間勾心鬥角正想瓜分利益,所以英國單方面派部隊去調查所謂的「赤道口」,並在戰爭末期開始重奪南極領土的秘密戰爭,就是這原因。

魯道夫・赫斯與希特拉。

戰爭結束前四年,英國設法逮捕了第三帝國的副元首魯道夫・赫斯,皆因他是當時所有納粹分子中最了解南極秘密的人。1941年

5月10日，魯道夫●赫斯在蘇格蘭登陸，要求會見漢密爾頓公爵，意欲提出和談。可是他的和談計劃很快遭到拒絕，接下來等待他的是長達46年的監禁。赫斯的入獄是戰爭中討論最廣泛的謎團之一。有些人聲稱他被監禁，是因為他所掌握的秘密會對英國造成損害；另一些人聲稱，英國拒絕他的和平建議，導致英國在領土、物質、經濟和情感上都遭受了巨大的損失。由於赫斯的沉默，英國人民從來沒有聽過和平條件的內容，也不知道到這些條件可能對英國有甚麼利益。然而，正如克里斯托夫●弗里德里希（Christof Frie-drich）認為，「赫斯被賦予了一份至關重要的南極檔案」；不管這是一份文件檔案還是一份筆記注釋，有一點可以肯定的：赫斯作為副元首，對納粹的南極意圖瞭如指掌。再者，赫斯還曾擔任澳大利亞組織的負責人、外交政策專員、所有大學事務和大學政策專員、所有技術事務和組織專員，以及種族政策辦公室的負責人。赫斯是一位敏銳的飛行家，他利用自己在納粹黨和圖勒協會（Thule）中的地位，在1938年向德國南極探險隊（Deutsche Antarktische Exparktische Exparkedition）的人員進行演講時，認識了李察●伯德，藉此知道伯德極有可能發現「南極古隧道」。

伯德是世界上第一個飛越南北兩極的人，可能是有史以來消息最靈通的極地探險家，他把自己豐富的知識和探索的細節透露給了赫斯。伯德在演講中提出的建議，最終使納粹宣稱要奪取新施瓦本地區，甚至可能令納粹日後有足夠的資料，讓他們建立了一個南極基地。德國南極探險隊成立幾年後，赫斯出逃並最終被俘，意味著計劃或許已經開始實施。正如加拿大記者Pierre van Paasen在赫斯出逃後

不久提出，「赫斯作為副元首的地位令人羨慕，而且他與贊助這次遠征的圖勒協會關係密切，這意味著第三帝國沒有任何重大的軍事計劃和秘密是他不知道的」。在赫斯被關押的46年中，前四年他完全在英國的管轄下渡過。他在這四年中泄露的秘密，雖然英國政府和紐倫堡審判的官方立場認為是瘋言瘋語，但在某些方面還是受到了重視，尤其在戰爭結束後，英國抓到了更多德國高層納粹黨人後。不幸的是由於赫斯一直被關進監獄，直到1987年他在97歲時被懷疑自殺　，所有關於他的記錄都被英國官方保密法牢牢地鎖住了。在可見的將來，所有關於他的記錄都會被封鎖，只有靠間接證據來衡量赫斯對南極避難所的了解程度，和掌握了什麼隱密資料。

關押赫斯的斯潘道監獄。

195

殺人魔希姆萊的下場

　　海因里希・希姆萊是黨衛軍的帝國元首，1945年5月23日被英國人俘虜。雖然他成功地用氰化物膠囊自殺，從而躲過了審訊，但他的隨行人員卻沒有這樣的機會。希姆萊被希特拉斥為叛徒，因為他試圖與美英講和。但由於希姆萊沒有什麼可以討價還價的東西，加上他那令人髮指的暴行，這意味著他一定會被處決。在這情況下，希姆萊是否還能向英國人提供他們想要的情報，藉此逃過一劫，或者在最壞的情況下，得到一個逃避劊子手的機會呢？不幸的是，希姆萊在沒有機會獲得緩刑的情況下被抓獲，他對自己被當成一個卑微的士兵而感到厭惡，在自殺之前，他告知英國自己的身份。英國通過對希姆萊的隨從進行仔細審問，有可能由此獲得了希姆萊所擁有的情報。無論希姆萊希望供出的情報是什麼，英國人都可以知道，而且英國人也不必把歐洲最壞的人關在英國本土。

希姆萊與希特拉。

　　他從一個卑微的家禽養殖戶，成功變成了歐洲最令人恐懼和被人謾罵的殺人魔，希姆萊的恐怖體系使大規模屠殺成為一種產業。

同時，他領導的黨衛軍，亦確保了對納粹德國的忠誠和服從。

希姆萊授權的黨衛軍祖先遺產學會（Ahnenerbe），其任務是為了追尋雅利安人的祖先遺產，成員前往西藏、埃及和伊拉克等偏遠地區，也會到近在咫尺的英吉利海峽群島，進行了大量的研究。1938年，德國的安塔克特探險隊被赫爾曼・戈林牢牢地控制著，但希姆萊對探險隊的發現，其中他們尤其可能發現了傳説中的「中空地球」入口甚感興趣，他肯定了探險隊的研究和提供更多資金，進一步推動雅利安遺產神話。希姆萊所知的一切，在戰爭結束時，英國情報部門掌握了多少，這一點是值得商榷的。「祖先遺產學會」數之不盡的調查任務結果，對盟軍尤其是英國來説，可謂非常寶貴。儘管領導西藏探險隊的恩斯特・舍費爾博士聲稱，希姆萊有一些非常奇怪的想法，涉足了神秘學，但這不減低其研究或收集到的證據的可信性。因為英國對神秘學有非常深厚傳統，從皇室到平民百姓，均對各種魔法巫術非常重視和相信，所以英國對納粹神秘學的情報，自然比其他盟國更感興趣。

納粹高層之死

希姆萊是怎樣死的呢？他藉氰化物膠囊躲過了劊子手的絞刑架，自殺了。戈林在被處決前夕也用過氰化物膠囊。這些藥丸會不會由英國的國有企業提供，用以換取情報？赫斯、希姆萊和戈林都在被關押期間自殺的，其中兩人當時被英國人牢牢地關押著。這三個人的自殺皆令人產生很多疑點，尤其是他們對南極洲計劃有不同

197

程度的直接參與，究竟內裡之謎是甚麼？相信難以有肯定的客案。

　　赫爾曼・戈林雖然被美軍俘虜，但與英國對南極情報有極大關係。他主持了納粹在1938－1939年的南極考察活動。為了紀念那次探險，他發行了相關紀念幣，向世界吹噓德國的成功。戈林是納粹黨的二號人物，他是殖民地軍官之子，出身富裕，但他成為德國一戰中的空中王牌飛行員之一，最終獲得了很高的戰功。1923年，他加入納粹黨，並參加了啤酒館暴動，在希特拉的手下立下了汗馬功勞，但也因此腹股溝受傷。由於這次受傷，戈林染上了嗎啡的毒癮，這個嗜好改變了他的命運。

赫爾曼・戈林

198

戈林娶了一個有錢有勢的女人，幫助他鞏固了自己在上流社會中的地位。他與上層階級的聯繫對納粹黨的幫助遠比任何游說更有效。1932年，戈林當選為帝國議會議長，儘管他很受人歡迎，但由於他的自戀、野心和貪婪，令他不斷樹敵。他成為德國最富有的人之一，幾乎所有的財富都是從納粹的受害者那裡掠奪來的。1936年，當他成為希特拉的繼承人時，在納粹黨內達到了事業的巔峰。然而，他的聲望還沒有達到頂峰，必須等到納粹德國在戰爭初期成功地對波蘭發動閃電戰，他才能獲得這個短暫的榮譽。但是對嗎啡的依賴已經開始困擾著他的判斷力和在精英階層中的地位。

　　在納粹軍隊早期的一系列勝利中，戈林得到了希特拉的青睞，但希特拉本人的性格也是反復無常的，當戈林的空軍在不列顛空戰中慘敗後，他就被逐出了希特拉的權力核心。於是他只能在嗎啡和掠奪得來的大量財富中找到安慰。

　　到了1943年，戈林不再是納粹最高領導層一員，他的毒癮很大，實際上是個隱居者，完全不受重視。他所知道的任何關於納粹南極基地計劃的情報都受爭議，但他很有可能向美國情報部門透露了足夠多的關於南極洲的消息，這些消息都是他從精英階層中得聞，這迫使美國考慮納粹已在南極洲建立基地的可能性，催生了日後

戈林是個毒癮者。

199

的「跳高行動」。加上美國人也聽到關於英國人發現了南極情報的傳聞。在紐倫堡審判結束後的第一個夏季，美國人就發起了「跳高行動」，但很有可能錯失了時機，因為當時消息最靈通的納粹大將卡爾‧鄧尼茨已經被英國人審訊了，甚至可能已交出重要的情報。會不會是鄧尼茨和英國之間達成了秘密交易？當我們看清日後英國在南極的活動後，他們確實大有機會達成了交易。

南極避難所的媒體報道

「我的U型潛艇隊員們，六年的U型艇戰爭已經過去了。你們像獅子一樣奮勇作戰，碾壓性的優勢將我們壓縮在一個狹窄的區域內。在剩下的基地裡，我們不可能再繼續戰鬥了。U型潛艇的戰士們，
你們在戰爭中不屈不撓的勇氣，在經歷了一場無與倫比的英勇戰鬥後，放下了你們的武器。我們懷著崇敬的心情緬懷我們的戰友們，他們用自己的犧牲來表達對元首和祖國的忠誠。同志們，在未來的日子裡，請保持你們的U型潛艇精神，在祖國的長遠利益中，你們在海上英勇無畏地戰鬥著。德國萬歲！你的大將 - 鄧尼茨大將。」鄧尼茨作出以上宣言。1945年5月4日，他命令U型潛艇開始返航。

1942年10月至1944年9月間，德國的16艘U型潛艇在南大西洋

地區被擊沉，這些被擊沉的潛艇大多從事秘密活動，英國早已意識到南極新施瓦本是一個可能存在的基地，但直到歐洲戰爭結束後，世界才醒悟過來。

1945年7月18日，全世界的報紙都把頭條新聞集中在南極洲。紐約時報稱「南極避難所報道」，其他報紙則稱「希特拉曾到過南極」。南美發生的新聞報道和事件使全世界都驚覺了起來，引起了世界的注意，美國和英國的軍事力量當然也不例外。

1945年6月10日，一艘無標記的德國U型潛艇向阿根廷海軍投降；官方沒有公佈更多細節。正如著名歷史學家哈特（Basil Liddell Hart）所指出的，至少有100多艘其他U型潛艇的下落仍然是個謎。在1945年的最初幾個月裡，U型潛艇艦隊的規模還在不斷擴大，到了3月，U型潛艇艦隊的兵力達到了463艘的巔峰狀態。1945年7月10日，德國U-530在阿根廷馬德普拉塔投降，這謎團更加深了納粹潛艇去向的疑問，阿根廷政府八天後向盟軍公開所有資料和詳情。然而U-530的謎團並沒有隨著資料公開而結束，就在一個多月後的1945年8月17日，U-977也在馬德普拉塔投降。更讓人好奇的是，同月U-465也在巴塔哥尼亞外海被擊沉。

就在克雷斯馬林（Kriegsmarine）U型潛艇實力達到頂峰的三個月後，第一艘下落不明的U型潛艇出現了。令人遺憾的是，歷史學家們對失蹤的U型潛艇的謎團表現得輕描淡寫，哈特除了解釋這362艘已知的U型潛艇的命運外，也沒有給出任何解釋。5月德國投降

後，有159艘U型潛艇投降，還有203艘被船員擊沉。這可見U型潛艇船員頑強的自尊心和不可動搖的士氣。

有這麼多的U型潛艇失蹤了，戰爭結束時估計至少有40艘失蹤。當時英國仍然擁有世界上最大的海軍之一，在福克蘭群島和南極洲的戰略要地，英國是所有盟國中最適合應對納粹避風港的國家。由於英國擁有不少南半球的領土，它最能了解失蹤U型潛艇的情況，畢竟這帝國雖然正在崩潰，它仍然是世界上最大的帝國。情報部門對U-977和U-530的船長進行了審訊，指揮U-530的Wilhelm Bernhard上尉聲稱，他的U型潛艇於1945年4月13日的Valkyri-2行動出發前往南極。審訊時，他透露了任務內容。**據推測，16名船員在南極岸邊登陸，存放了許多箱子，顯然是第三帝國的文件和遺物。U-977號的船長海因茨•謝弗，也聲稱他的U型潛艇將不知名物品從第三帝國運走。然而，不太可信的是，關於U型潛艇將希特拉和伊娃•布勞恩的遺體送到南極的傳聞，甚至說聖杯和命運之矛也被帶到南極之説，也頗值得懷疑，只是給真相蒙上了一層陰影。**

真正有助於證實上述説法的是一個鮮為人知的事實（《真理報》2003年1月16日曾報道過）。1983年，德國情報局繳獲了謝弗上尉寫給伯恩哈德上尉的一封密信，信中謝弗懇求伯恩哈德不要在回憶錄公佈過多內幕，他表明了自己的立場，希望世人不要知道真相：「我們都發過誓，要保守這個秘密；我們沒有做錯什麼，只是服從命令，為我們所愛的德國和它的生存而戰。請你再想想，把一

切都想像成一個寓言不是更好嗎？你打算用你的啟示取得什麼結果呢？請你想一想。」

　　另一個從未被解開的謎團是，1944年9月23日在爪哇海馬六甲海峽，一艘U-859號潛艇被英國皇家海軍潛艇「HMS Trenchant號」擊沉。潛艇攜有水銀貨物，此潛艇離德國非常之遠，竟能靠貨物作為燃料來源。生還者向英國海軍透露了他們所攜帶的貨物，這訊息被轉達給英國情報部門時，肯定會引起英方的注意。U-859號潛艇的事件不是孤立的。許多德國U型潛艇活躍在世界各地，在整個戰爭期間，甚至在德國戰敗後，許多潛艇曾為日本人提供過補給，奇怪的是，即使在德國戰敗後也是如此。1945年7月，一艘沒有標記的德國U型潛艇，據說是秘密護衛隊的成員，向日本的研發單位交付了一項新發明。日本人製造並啟動了這裝置。該裝置能飛上了天空，產生巨大聲響和爆炸力，令附近所有物件燃燒起來。日本人再也不敢製造了。根據資料稱，二戰中克雷斯馬林U型潛艇和皇家海軍之間的最後一場海戰由克雷斯馬林U型潛艇取得勝利，西方媒體因擔心刺激德國人的抵抗而壓下了這一説法。據稱，只有一艘驅逐艦幸免於難，**艦長宣稱「願上帝保佑我，願我永遠不會再遇到這樣的部隊。」**

　　失蹤的U型潛艇是英國在南極拼圖中的一部分，自從納粹第一次派遣瑞徹（Admiral Ritscher）上將執行圖勒協會參與的極地任務後，英國就一直在拼湊著拼圖。英國的情報網絡「SOE特別行動局」和「SIS秘密情報局」在戰爭期間通過英格瑪（Enigma）解碼

機及其龐大的歐洲間諜網絡，為盟軍提供了極大量的訊息。戰爭期間，憑著這情報網絡，這幅拼圖正在慢慢地完成。

英國情報局的能耐從英國對納粹的秘密原子武器計劃的了解程度可見，反過來利用這些計劃協助英國空軍轟炸了納粹在波羅的海的U型潛艇秘密研究站。德軍不知道英國人為何會知道這秘密，更想像不到英方能夠炸掉它。故此英國情報局絕對有能力、亦有需要派人員去破壞南極基地，奪取對方的高科技設施和武器。

鄧尼茨海軍總司令：南極基地的鑰匙

「我相信我是為正義的事業而戰，當納粹在最後崩潰後不久，我拒絕逃避責任，主動提出用潛艇護送我到安全的避難所。」語出維德昆 • 基斯林（Major Vidkun Quislin）少校，1945年，紐倫堡。

鄧尼茨大將接管了納粹德國的領導權，希特拉死後，德國人仍在他的指揮下操控每一艘U型潛艇、艦艇、船只和港口。他將是策劃「戰術性逃亡」的完美接班人，一種可以確保德國人的犧牲和研究沒有白費的策略，總之，意圖讓重建第四帝國的種子散出去。

許多納粹黨人選擇了留下來迎接死亡，儘管德國聯邦海軍在大西洋上擁有最大的潛艇艦隊，海軍也願意在挪威繼續作戰；不是他們無處可逃，而是許多人渴望殉難，以完成另一個更大的計劃：第四帝國的誕生。

奎斯林上校想以納粹的身份死去，並且毫無悔意，就像那些在紐倫堡被絞死的人一樣。他們的信念來自一種扭曲的觀點，他們將被視為烈士。希特拉、希姆萊、戈培爾和許多其他高級納粹黨人都選擇自殺了結生命。歷史上，當戰敗後肯定被公眾羞辱和處決，自殺便成為一種常態。

那些在德國最後崩潰的時候自殺的人，站在紐倫堡的人都知道，如果他們逃跑了，就會危及秘密基地或避難所、以及在南美和全世界的德國僑民社區安全。如果大多高調的納粹分子都躲藏起來，第四帝國出現的可能性微乎其微。德國人，一個擁有絲不苟和勤奮的本性的民族，當他們知道這個事實時，就必須要做出犧牲。

納粹德國第二任元首卡爾•鄧尼茨大將，在希特拉去世及被提拔時，他和他的政府已經被世界各國所認可。然而，其升遷對他協助納粹黨人逃離歐洲的計劃頗為有利。

鄧尼茨作為戰犯與其他納粹高層一起受審，被判處死刑緩期執行，在柏林斯潘道監獄服刑10年。整個審判過程中，鄧尼茨聲稱他只參加了一場合法的戰爭，對納粹的暴行一無所知。他還聲稱對最終解決方案毫不知情。在納粹德國時期成為裝備部長以及帝國經濟領導人阿爾伯特•斯佩爾（Albert Speer）更加在紐倫堡公開表示厭惡納粹主義，對自己在第三帝國中的所作所為全面悔恨，他卻被判處20年的徒刑。究竟納粹的「最終解決方案」是什麼？另一方面，鄧尼茨希望他的海軍完全支持納粹運動，以至於他在1944年2月14

日發怖了一項指令，命令海軍軍官們不僅要接受納粹主義，而且要擁護納粹主義。

「整個軍官軍團必須灌輸納粹主義，使他們認為自己對整個民族國家負有共同的責任。官員是國家的體現，他們必需要是納粹主義的核心支持者。」鄧尼茨強調軍人不講政治的閑言碎語純屬無稽之談。

鑒於他對納粹主義毫不掩飾的熱情，鄧尼茨被輕判甚為奇怪。鄧尼茨的指示幾乎違反了德國軍隊中所有規則。軍隊的領導層，例如空軍高層一定程度都避開了政治，主要關注戰爭，但鄧尼茨斷言，「不講政治」是「純屬無稽之談」。他對軍人忠誠的要求，可以解釋為什麼在戰爭結束後有那麼多的U型潛艇下落不明，以及為什麼在戰爭結束後的幾個月以至幾年裡，有那麼多的U型潛艇被發現。特別是考慮到1947年12月10日阿爾伯特•斯佩爾監獄裡的情況。在盟軍的心目中，許多人感到鄧尼茨正直和可靠，但他內心對希特拉的看法卻絲毫沒有改變，希特拉仍然是他的總司令。在希特拉最後的政治聲明中，他號召所有納粹黨人「在任何情況下都不要放棄鬥爭，而要把鬥爭進行下去，無論他們在哪裡，都要把鬥爭進行下去，反對祖國的敵人」。隨後，希特拉在譴責戈林和希姆萊是叛徒之後，任命了他的繼任者。「我任命鄧尼茨大將為帝國總統和德國國防軍最高指揮官。」希特拉選擇了他最忠誠的軍官，也是他認為能夠恢復帝國命運的人。正如著名歷史學家切斯特•威爾莫特（Chester Wilmot）所指出：「希特拉對U型潛艇基地十分重視，

反映出鄧尼茨個人力量在不斷上升，他迅速成為希特拉的參謀中最有影響力的人。」希特拉對鄧尼茨非常寵愛，對新的U型潛艇的能力和扭轉大西洋局勢的可能性非常著迷，從1945年開始，他們幾乎每天都在討論，如何令U型潛艇打敗盟軍艦隊。由於新的U型潛艇能夠在從歐洲到南美或南極洲的整個航程中保持在水下，納粹戰爭機器中一部分人逃跑的機會大大增加了，對付英美海軍的能力也大大提高了。

新型U型潛艇

在1945年1月3日的元首海軍會議上，鄧尼茨吹噓說，新型的「Schnorchel號」U型潛艇如何能在三年多前德國被迫停止行動的水域取得勝利。鄧尼茨的說法並不新鮮，早在1943年，他已經聲稱新的U型潛艇將創造「全新的可能性」，希特拉亦下令將建造鄧尼茨的U型潛艇作為首要任務。

納粹高層對新的U型潛艇的信心從未減弱，即使在俄國士兵湧入德國的時候也不例外。1945年3月6日戈培爾說出了納粹精英們的心聲：「我們在這裡有相當大的希望。我們的U型潛艇必須努力工作；最重要的是，可以預見，隨著新型潛艇的投入使用，應該會比我們的老式U型潛艇取得更大的成果。」戈培爾在他的戰爭日記中再次指出，納粹高層是多麼的高興。「顯然，我們的U型潛艇給戰爭復興留下了深刻印象。」戈培爾所講的「復興」是指可藉U型潛艇延續德國的戰線，甚至進行大型逃亡行動。他說此話時，就在他於絕望中死亡之前一個月！這時戈培爾口中的復興，已秘密進行中。

鄧尼茨，作為繼戈培爾之後希特拉最信任的軍人，他當然知悉納粹對東方的計劃以及集中營的計劃。雖然有些歷史學家認為他不應該當作戰犯受審，但面對大量相反的證據，鄧尼茨在紐倫堡的判決，唯一讓人瞠目結舌的是刑期。他之所以被判刑較輕，是因為他向盟軍提供了寶貴的情報，尤其他幾乎掌握了戰後在世界各地發現的神秘U型潛艇的所有知識和情報。

英國作為逮捕鄧尼茨的國家，是鄧尼茨情報的主要受益者。鄧尼茨於1945年5月23日被捕是第二次被英國監禁，所以英國審訊者會知道該按哪些按鈕來獲得想要的答案。

讓我們回看鄧尼茨第一次被捕的情況。1918年，第一次世界大戰的最後幾天，鄧尼茨被英國海軍俘虜。他被送到戰俘營，然後轉到曼徹斯特皇家精神病院。經過大量的心理測試後，他被認定為精神錯亂，並判接受治療一年。儘管戈培爾曾説過，鄧尼茨是一個非常冷靜和現實的計算者，但在瘋人院度過的這段時間，如果他再次受到監禁的威脅，精神上的傷痕就會浮面。這種恐懼和他對第三帝國的忠誠意味著他別無選擇，在1945年5月1日，當他第一次聽說希特拉死後的繼承權，便不得不在投降的決定上猶疑。鄧尼茨隨後向德國國防軍宣佈：自己仍在指揮著一支龐大的海軍，並且有足夠的德國國防軍給協約國帶來更多問題。他的宣言是一種威脅，西方協約國非常重視；這使他們意識到，和平還遠未穩固，德軍無條件投降可能需要重新評估。鄧尼茨宣佈的第二天，倫敦泰晤士報就建議謹慎行事。鄧尼茨可能會集結一支龐大兵團來製造麻煩，納粹海軍

的戰意可能仍然高漲。在挪威境內，有一支數量可觀的U型潛艇，以及20萬陸軍和數百架飛機左右。因此，鄧尼茨很可能考慮在挪威站穩腳跟，而不是在已被佔領的帝國，或受威脅的南部戰略堡壘。他可能想把事情推遲一些，但不可能改變這個決定。鑒於鄧尼茨表明繼續作戰，而且他旗下仍有大量兵力，盟軍擔憂能不能達成和平協議——對各方都有保證的和平？鄧尼茨可以要求重建德國，而不是像凡爾賽條約那樣被羞辱，要求西方盟軍打擊布爾什維克主義的蔓延，要求勝利者給予寬大處理，或要求粉飾他的個人戰時歷史，以換取徹底投降和透露極其敏感的情報。

　　就在鄧尼茨宣佈戰爭將繼續進行，而布爾什維克主義依然存在的情況下，僅僅一個星期後，他就命令所有德國軍隊投降。所有事實都表明，鄧尼茨的歷史被淡化了，違背常理的是主流歷史學家仍然沒有把鄧尼茨看成是納粹德國的重要人物。鄧尼茨的刑期如此短，足見西方盟軍有意展示寬大，因為他們已意識到共產主義的威脅。西德從1945年5月的灰燼中崛起，成為歐洲強國，許多過去納粹黨提供資金支持的大公司發展成巨大企業集團。德國正式投降、歐洲戰爭結束後，鄧尼茨還繼續擔任德國總統三周，直到1945年5月23日才被英軍逮捕。鄧尼茨曾兩次被英國人監禁，對英國的仇恨有增無減。他是唯一知道納粹U型潛艇確切狀況的人，包括新的、強大的21型U型潛艇。鄧尼茨也知道新施瓦本基地在哪裡，以及在那裡和其他地方運送了什麼東西。對於國家安全和世界安全如此重要的情報，鄧尼茨可以選擇透露得越少越好；無論他的情報是多麼的微不足道，多麼的粗略，都是無價之寶。

鄧尼茨是一個令人印象深刻的人物。戰爭初期，他的忠誠和遠見卓識給希特拉留下了深刻的印象。鄧尼茨在1943年1月31日得到應有的回報：他被提升為海軍最高指揮官。**鄧尼茨在一次對軍官精英的就職演說中，聲稱「德國潛艇艦隊已在世界的另一個地方為元首建造了一片香格里拉之地，一個堅不可摧的堡壘，為元首感到自豪」**。鄧尼茨的這句話在德國海軍中傳得沸沸揚揚，所有聽到這句話的人都相信這種可能性。

在研究第三帝國的神秘事件時，我遇到了一位東德人，他曾在德軍中服役，對新施瓦本地區有第一手資料。他聲稱：「新施瓦本地區，在歐洲戰爭之後，已經是一片廢墟，而挪威則完全在德國人手中，成為唯一可行的作戰基地。當決定對德意志民族來說投降是最好的選擇時，那些有能力的人就離開了，並在U型潛艇護衛隊中抓住了他們的機會。」南極洲是個秘密，但謠言不斷，只有最虔誠的人才會把它當作避風港。大多數對新施瓦本地區有密切了解的人都無法看到戰爭的結束，那些知情人士大多數被處死、自殺或被送進了俄國人的古拉格……只有被英軍俘虜的人情況比較好，但在審訊後被禁止再提及戰時經歷。這使德軍餘黨保持沉默，間接幫助盟軍壓制了真相。

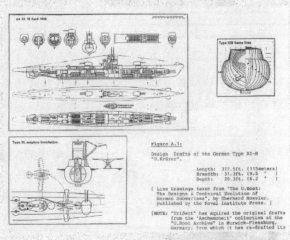

XIB 號U型潛艇設計圖。

　　上述這位德國海軍軍官被蘇聯俘虜，被送到西伯利亞一呆就是15年；當他回來時，已是共產主義的東德。相比之下，鄧尼茨只服役了10年，在自由的西德生活了10年，這引起了這位軍官的憤懣，尤其是主流歷史學家連納粹的南極避風港和鄧尼茨對國家社會主義的熱情都不敢寫。當鄧尼茨在1943年談及「香格里拉之地」時，他說的是真的嗎？隨著凱爾蓋倫被用作德國的U型潛艇基地，而新澤西州仍在德國的計劃中，鄧尼茨知道他的說法會打動希特拉。但不幸的是，隨著大部分與納粹計劃中的新施瓦本島相關的文件——包括演講稿、回憶錄和日記——都被銷毀、消失或存檔，任何關於南極洲是納粹避風港的說法都會被緊張的政府嘲笑。這意味著，提出這個話題就等於把自己暴露在嘲笑之中。

211

然而，鄧尼茨講話中留下的線索，足以讓人懷疑二戰中的整整一章都被刻意壓制了。1944年，鄧尼茨宣佈：「德國海軍在未來必須完成一項偉大的任務。德國海軍知道大洋上所有的藏身之處，因此，如果有必要的話，將很容易把元首帶到一個安全的地方，在那裡他將有機會制定出他的最終計劃。」德國海軍的足跡遍佈各地，忠於自己的事業，並在探索中大膽地進行著。**德國的U型潛艇是美洲東海岸的常客，他們在北極冰下，甚至順著默西河逆流而上進入英國的默西河口。但他們最有趣的探索是發現了一條由地下湖泊、洞穴、裂縫和古冰隧道連接而成的水下海溝，直通南極洲。**

　　盟軍對鄧尼茨的説法很重視，尤其在希特拉神秘自殺之後；他們知道南極洲可能就是鄧尼茨所説的「安全地帶」。英國人已經注意到這一點。但美國人呢？是在1946年鄧尼茨在紐倫堡受審時發表了一份聲明，吹噓一個「堅不可摧的堡壘，一個在永恆的冰雪中的天堂般的綠洲」之後，美國人才被迫採取行動。

　　英國在調查了「堅不可摧的堡壘」之後，曾協助美國，向其秘密提供南極洲地圖；同時公開與智利、阿根廷和其他聲索國一起，對計劃中的「跳高行動」表示不滿。英國提供的地圖，類似於1938年德國南極探險隊所使用的挪威地圖，並沒有描繪出南極全貌。

　　鄧尼茨向英國人提供情報，以及英軍對新施瓦本基地很可能進行破壞，背後反映的是，美國人並沒有對毛德皇后地（新施瓦本

蘭）進行細致的偵察。雖然許多人曾猜測，但沒有答案可解釋這一遺漏。更有可能是由於該地區在20世紀初已被詳細探索，但人們不禁要問，這是否因為英國人先到過那裡，才令美國人一無所獲。然而，據説有證據顯示「跳高行動」找到了其他基地，雖然和英國人手法一樣，「跳高行動」的真實發現也被隱沒下來。

鄧尼茨對南極洲有著獨特的了解，但正是他深悉德國在挪威的U型船港口和駐紮的U型船狀況，以及挪威和南極洲之間的聯繫，讓後世進一步了解被遺忘的南極戰線。儘管挪威對鄧尼茨、希特拉和德國海軍的重要性眾所周知，但最初入侵挪威的一些真正原因卻鮮為人知，給二戰和南極前線的歷史增添了更多神秘感。

暗黑指紋：高迪斯

Chapter 6

英國在南極的
秘密活動

南極的秘密雖然隱沒於歷史，但二戰時起碼有
幾個國家對南極虎視眈眈。其中的當時超級大
國——英國，同樣對南極之謎有某程度上的理
解，甚至曾進行多個隱蔽行動，意圖染指極地。

英國如何獲得南極情報

　　挪威之所以對德國非常重要，主要原因是，它的海岸線甚為特殊，正適合用作建立U型潛艇基地，有助德國人確保瑞典鐵礦石的運輸；另外，生產氧化氘（重水）的維莫克水電站對他們的原子彈研究非常重要。當時原子彈研究中，納粹德國處於世界領先地位。然而，還有其他原因促使希特拉重新審視他原來維護挪威中立的立場。對挪威來說，德國企圖先發制人的計劃曝光，由此開始了一場導致入侵的政治危機。德國安塔克特探險隊使用挪威地圖，很快意識到狡猾的挪威人刻意遺漏了德國在1939年1月20日重新發現的溫暖乾燥南極地區。挪威人和英國人早就知道有這個無冰區，但他們在地圖上故意省略了這些地區，避免曝露更多的線索，防止其他國家找尋到這地方，以至後來出現挪威和德國的外交危機。

UB14型號U型潛艇在黑海海面行駛。

　　當德國人發現南極無冰區時，他們告知全世界，要以納粹德國的名義宣稱佔有整個無冰區。納粹探險隊被命令拋下印有納粹黨人標誌的木椿，以宣示主權意圖：納粹黨人希望這足以使他們的主張

正式化。納粹德國和希特拉並不關心世界的想法：他們已經獲得了奧地利和捷克斯洛伐克，而南極洲將成為第三帝國的進一步延伸。挪威對德國的領土主張提出抗議，並將毛德皇后地改名為新施瓦本，但隨著歐洲國家準備開戰，世界的注意力轉向波蘭，南極洲便被遺忘了。

當戰爭終於在1939年9月爆發時，德國侵略歐洲，很多歐洲國家都宣佈中立，挪威也不例外。希特拉希望挪威保持中立，但他所信任的戰爭內閣的意見卻勸他不要這樣做。1940年2月20日，希特拉命令馮‧法爾肯霍斯特（General von Falkenhorst）將軍率領一支遠征軍前往挪威。希特拉聲稱：「我被告知，英國人打算在挪威登陸，我想在他們之前到達挪威。」

1940年4月20日，英軍部隊在古洛克（Gourock）排隊等候出發前往挪威。

英國首相內維爾‧張伯倫宣佈英軍也在挪威登陸時，留下著名的金句（吹噓）說，希特拉將會「missed the bus（錯過了巴士）」。納爾維克是挪威戰役主要戰鬥之一。1940年，德國為防止英國突襲瑞典耶利瓦勒，斷絕德國鐵礦石供應，於4月9日派遣10艘驅逐艦運載2000人突襲佔據納爾維克，並在第一次納爾維克海戰中擊敗英國海軍，但在第二次納爾維克海戰中卻不敵英國戰列巡洋艦分隊，10

艘驅逐艦全部被擊沉，已上岸的德軍全部孤立，由於英軍的行動不堅決，導致兩萬盟軍竟然沒能殲滅六千德軍。但隨著法國戰役的失敗，英軍無心戀戰，於6月登船撤離該地。留下的挪威軍隊於6月10日被迫投降。張伯倫的愚蠢導致他的政府垮台，被迫辭職，名聲掃地。此外，張伯倫向挪威出兵，是對希特拉和德國戰爭內閣所有人進行了一次次的欺騙，納粹德國一直認為英國不會進行遠征行動。但英國的任務是否已經徹底失敗呢？英國是否全面放棄北歐？答案是英國一直暗中幫助挪威，因為挪威和英國的皇室具有血緣關係，英國絕不會放棄挪威。

1940年4月9日，德國發動了威塞呂布（Operation Weserübung）行動，挪威被入侵，丹麥也在同一天被入侵。雖然英國和盟軍不得不在6月撤離，但他們已經拖住了勢不可擋的德國國防軍的後腿，足以幫助挪威皇室、政府和國寶登上英國巡洋艦德文郡號（HMS Devonshire）撤離。國王哈康七世代表挪威流亡政府，保存下來的大量財寶和文件不僅有利於挪威的存續，也有利於英國的情報工作。

希特拉對挪威總督維德昆•奎斯林大發雷霆，他希望這位納粹的傀儡能更全面地援助德國。奎斯林最終沒有任何實權統治挪威，他無法阻止皇室、政府，大量的寶藏和文件的撤離，導致希特拉對他失去信任，宣佈他為挪威叛徒。希特拉需要全面統治挪威，讓挪威和烏克蘭一樣，成為白種雅利安人的土地。即使如此，奎斯林還是公開宣稱，納粹給他提供了「安全避難所」。不管這句話是一個瘋子的說法還是誠實的承認，挪威在戰前已受到納粹主義的影響。

儘管希特拉只想把英國人趕離挪威，但他的戰爭內閣認為，挪威對德國的武裝力量和政府部門來說都是至關重要的，比任何其他的佔領國都更有利於戰爭。納粹德國對挪威的佔領給帝國帶來了巨大的利益。第三帝國現在有了更接近北極的邊界，還可以在極地條件下訓練士兵，特別是在取得斯皮茨貝爾根之後，**希姆萊和神秘主義的信徒非常高興，認為雅利安人的極北之地，終於落入納粹德國手中**。在實質戰爭上最重要的是，挪威距離所有德國的敵人都很近，挪威港口的地理也使他們在北冰洋和北大西洋的征戰更有優勢。這些好處，使挪威成為一個備受重視的納粹新領土。然而，德國的佔領並非完全沒有問題。英國為挪威抵抗軍提供大量資金，兩者暗地合作，抵抗軍以挪威的維莫克水力發電站為破壞目標並取得成功。

　　情報是雙向傳遞的，英國政府對於任何挪威的情報都絕對保密，甚至不會向盟國透露。英國情報部門也可以接觸到挪威政府運走了的檔案，不管資料有多敏感，在這一點上，英國是有權力可閱讀的。任何情報，無論多麼微不足道，都是不可或缺的。許多波蘭人在德國佔領開始後，

帶著關於德國人的情報和第一批英格瑪密碼機的原型去了英國。同樣，隨著挪威被入侵及佔領，許多逃亡的挪威人也把納粹德國的秘密帶到了英國。

被扭曲的歷史真相

英國在不列顛戰役中挫敗了德國，給眾多流亡政府帶來了希望。然而在1940-41年，英國只能在非洲與德國人作戰或轟炸他們的據點。但很快就傳來了一個新戰線的消息，而這戰線是英國和挪威政府永遠不希望被開闢的，一個幾乎沒有什麼應急計劃的戰線——南極。

1941年1月13日，德國突擊隊在賓格號商船的恩斯特•費利克斯•克魯德船長的領導下，猛烈地衝擊挪威的兩艘捕鯨船，並奪劫了該兩艘捕鯨船。如果這事發生在歐洲海岸線附近，那就沒有什麼神秘感了，因為德國人不允許被征服的民族離陸地太遠航行；但俘虜事件發生在新施瓦本附近的南大洋上，消息一經傳出，英國和挪威政府都感到震驚。沒多久，謎團進一步加深了，因為在隨後的夜晚，德國突擊隊再次出現，又捕獲了三艘捕鯨船和11名捕魚者。

1941年6月，海軍上將鄧尼茨視察法國的聖納澤爾潛艇基地。

221

德國的南極艦隊非常活躍，航行能力很強，他們在澳大利亞港口附近埋設水雷，擊沉了一艘在敵方行動中出航的美國船隻。他們主要在南極海岸和島嶼上游蕩，其中四艘有記錄的船：亞特蘭蒂斯號、企鵝號、斯蒂爾號和科米特號，它們在南極地區的活動十分異常。這四艘船最終都被英國海軍擊沉，沉沒地點卻分別遠離南極洲，從法國到阿森松群島的各個地方。

待南極戰線真正開闢出來後，英國增加了南極基地和人員數量，甚至還制訂地區郵政編號。最需要基地的地區可能在新施瓦本，也就是毛德皇后地，這可能是最重要的一個地區。通過挪威提供的情報和地圖，英國認為毛德皇后地區是最適合建立基地的地方，因為它距離德軍據點足夠近，可以監視德國人的活動，而且也是一支訓練有素、紀律嚴明的軍事部隊的打擊範圍內。新施瓦本戰役的種子已經播下。從1941年到1949-52年，英國、瑞典、挪威遠征行動開始，英國至少向南極洲進行了12次正式任務，其中一半是在戰爭結束到1946年12月由伯德海軍上將率領的「跳高行動」開始之間。更為有趣的是，從「跳高行動」開始到1948年為止，英國進行其他任務，這段時間內，南極洲被美國獨佔。儘管如此，英國在1940年代於南極洲的活動比其他任何國家都活躍，然而，歷史學家們唯一深入研究的南極任務是伯德海軍上將的行動。「跳高行動」使其他任務黯然失色，成為許多陰謀論者關注的焦點，英國過去和日後的努力完全被忽視了；而隨著伯德上將散佈錯誤信息，關於南極洲作為納粹庇護所的真正陰謀被遺忘了。

　　德國投降後，挪威有待清理，誰是可能的外逃納粹分子仍需確定，挪威所掌握的秘密仍需進一步調查。戰爭剛剛結束，估計有25萬名失蹤的德軍人員，包括馬丁鮑爾曼和其他數千名被通緝的納粹戰犯懷疑在逃。據推測，這些人在逃亡過程中利用到潛艇。儘管德國的U型潛艇可能有一部分逃離了挪威，我們無法得知其下落。但其餘已公開的事件仍然耐人尋味，反映德國人在武器技術上取得了巨大的進步。

　　1945年6月，華盛頓郵報發表文章稱，英國皇家空軍在奧斯陸附近發現了40架巨大的海克爾轟炸機，這種轟炸機航程達7000英里。文章說，被俘虜的德國地勤人員聲稱，這些飛機是為了準備去紐約執行任務。Mervyn Wingfield船長負責將這25艘打撈上來的U型潛

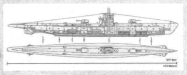

XI型號的U型潛艇設計圖

艇運往斯卡帕流，奇怪的是，他選擇了新的XXI型潛艇出海。回來後，他說：「盟軍贏得了潛艇戰爭的勝利。」日後在談到納粹的新武器時，所有盟軍都重申了這句話，究竟盟軍是尋找潛艇或是與納粹潛艇進行深海作戰？這謎團相信沒有人知。

在英國，該國情報部門發現了更多挪威的秘密，這當然是機密，並未向外公佈；南極洲情報同樣處理。當挪威政府回到解放後的祖國時，南極洲很快回到了他們的意識中，但挪威人必須等上幾年才能回到南極，以免坐實了納粹基地的傳言。

另一方面，英國在收集了相當多的南極洲資訊後，決定展開進一步的秘密調查，另外，必須消除不安和隱藏所有的證據，不能容忍技術或人員被洩露，即使盟友蘇聯和美國。英國幫助解放了挪威，而在1945年即將結束時，英國正在南極繼續秘密戰爭（戰後世界的新地圖集不再承認新施瓦本地區）。然而，**所有參戰國，尤其是德國，在戰時進行的神秘探險，卻沒有被載入二戰史冊**。歷史的悲劇發生了。

南極出現神秘病毒

如果英國軍隊確實摧毀了傳聞中存在於「Muhlig-Hoffmann山脈」中的納粹前哨，這一點相信永遠不會被公開，也不會被主流歷史學家所採信。事實上，英國是20世紀40年代在南極洲最活躍的國家，這一點並無可疑，也很耐人尋味。英國有

足夠的特權，通過其抓獲的骨幹納粹分子，以及通過其高效的情報網絡和實地調查，整理了大量關於德國染指南極的證據。所有這些都讓人得出結論，就是那裡一定發生了什麼重大的事情，看來只有時間才能證明。戰後的科研發現，南極洲在過去的某個時期曾被人類活動破壞過，這一發現曾涉入使英國新施瓦本戰役的可能性更高。1999年，一個科研考察隊發現了一種動物和人類都無法免疫的病毒。專家們無法解釋這種病毒的來源，儘管有些人試圖解釋這種病毒的來源。一些科學家認為這種病毒可能是一種保存在冰層中的史前生物。不過其他專家推測，病毒可能是德國南極探險隊「Deutsche Antarktische Exparktische Exparkedition」在1938-39年期間運送到南極洲的秘密生物武器。如果有生物武器或病毒被運到南極洲，那麼很可能是有計劃地進行，並小心翼翼地存放在南極洲。如果德國人真的是病毒的製造者，想必會對生化武器極為謹慎保管。那麼，如果病毒是因為有外來力量攻擊到儲存病毒的地方而釋放出來的，這種想法合理嗎？攻擊者會不會太冒險了？

臭氧層穿洞的因由？

　　究竟毛德皇后地在1945年發生了什麼？這是另一個謎團核心。1984年，設在哈雷站的英國南極調查隊首次注意到臭氧層中出現了一個洞，它位於毛德皇后地上空。科學家們經過多次測量後聲稱，這洞是由氟氯化碳造成的，並在一段時間內會加劇全球變暖。這個空洞會不會和病毒釋放一樣，是由核子爆炸造成的呢？歷史上，有三次已知的原子試驗，但從種種跡象來看，還有相

225

當數量未披露的核試，其中部分可能與納粹基被摧毀有關。臭氧層穿洞的原因，看來不僅僅是氟氯化碳造成的。

有生命跡象的地下湖泊、所謂冰封荒原上的乾燥山谷中的地熱湖泊、威脅人類的病毒、大氣層中的神秘洞口、被壓制的軍事企業……種種事件聯繫在一起，似乎都像虛構，但它們都是事實！南極洲是一個真正神秘的地方，這也是為什麼納粹佔領一個無人地區並讓它看似無人防守的原因，尤其是英吉利海峽群島。比如說，納粹在建造「大西洋長城」時，那在戰略上似乎不重要，卻使用了超過10%的混凝土和鐵器來進行防禦，這是一道從比利牛斯山脈到挪威北角的「長城」！想驗證英國新斯瓦本戰役的故事非常困難。**關於極地人、古老的隧道和與第三帝國殘餘部隊決戰的故事，彷彿都是虛構。**不過間接證據也不算少，例如眾所周知，納粹科學家在人身體做實驗，以模擬東線的嚴寒條件，幫助部隊更好地應對嚴寒。

關於古老隧道的傳說，相信德軍穿過Muhlig-Hoffmann 山脈的隧道，聽起來起來似乎很牽強。但若說極地存在冰川侵蝕過的洞穴群，就顯得很合理，會不會是這些洞穴被形容為隧道呢？士兵不是科學家，看到的東西就當成事實。不管是隧道還是英國人發現的長長的洞穴網絡，最終都是通往納粹基地。這基地或許類似電影奪寶奇兵中出現的U型潛艇基地，但可能性高嗎？這基地有可能由德軍建造及駐守。英國人在戰時就有秘密基地，為什麼納粹就沒有呢？我們必須知道，遠遠的太平洋羣島上一

些日本士兵在20多年裡，不服輸地堅持戰鬥，為什麼德國的小部分人不能呢？事實上，納粹黨投降後的幾年間，納粹狼人部隊依然很活躍，當時外界以為戰爭已經結束，個別的孤立襲擊事件仍不斷發生。戰爭期間，英國擁有世界上最優秀的特種部隊人員，至今仍是如此，他們在破壞方面訓練有素，善於利用有限的人力進行隱蔽和廉價的行動。他們非常成功，以至在迪耶普慘敗後，希特拉下令，凡是被俘虜的人，都要立即處決，以免受到滲透。英國認為用有限的資源更容易獲得成功；與之不同的是，美國傾向強權就是真理，而世人對南極探險的關注度也大多集中在「跳高行動」上。

殘存的納粹分子最終被同盟國的原子彈震攝。英國是否真的摧毀了納粹基地，這不是需要問的問題。我們反而該留意，南極洲過去的歷史、現在甚至是未來的走向，都被刻意淡化和改寫。

戰後的權力游戲

第二次世界大戰結束後，陰謀論和謠言立即浮出水面。希特拉一直希望消滅新敵人——共產主義，在希特拉死後，成為多個國家的目標。昔日的盟國（蘇聯）變成了敵人，而昔日的敵人（西德、意大利）在反共鬥爭中變成了盟友。當美國向西方國家政府提供巨額的財政補貼，促使他們遠離共產主義的時候，英國卻被拋在一旁，獨自清理最後剩下的納粹前哨站。

希特拉與鄧尼茨握手。

當德國軍隊在1945年5月投降時，和平本應開始，可惜的是世界陷入了另一場動盪，與人類歷史上最激烈的戰爭開始前的動盪一樣。1945年不僅是第二次世界大戰結束的一年，也是冷戰真正開始的一年；蘇聯和美國對對方的意圖充滿了恐懼，他們對如何管理德國也有不同想法。這些問題始於1945年2月4日至11日的雅爾塔會議。在歐洲戰爭結束後，由於盟軍發現的錯誤信息和保密性，令之前摧毀納粹主義的合作關係不再可行。

1945年5月納粹投降後，德國周圍呈現一種疲憊不堪的氣氛；儘管西方盟國因戰爭的努力而疲憊不堪，史太林卻不打算放棄他的領土利益，並準備好了戰爭，事實上，他對戰爭充滿了期待，蘇聯沒有做任何事情來打消人們的擔憂。他認為納粹的避難所已經建立，或者說希特拉可能不是自殺，而是逃亡到一個秘密的地方。

Hitler's on Ice in Antarctic Rumor on Imagination Spree

Buenos Aires, July 18—(BUP)—Imaginations have had a field day during the past 48 hours in Argentina with speculation that Adolf Hitler may have crossed the Atlantic in a submarine. The Argentine government clamped down upon such excited thinking by declaring there was absolutely no factual basis for the reports.

The government announced that it would deliver the recently interned German U-boat 530 to the U.S. and Great Britain, as recommended by the foreign ministry following an investigation. Unconfirmed reports said two more Nazi submarines had been sighted off the Argentine coast.

While the public amused themselves speculating on the possibility that some high Nazis might have been landed by the U-530 along the desolate shores of Patagonia, so far only the newspaper La Critica has openly implied that Hitler and his sweetheart, Eva Braun, might have landed in "Hitler's Antarctic Berchisland in the Antarctic circle.

The paper had a map with the caption, "Hitler refuged on the sixth continent,"

媒體報道，「據推測，阿道夫 • 希特拉可能在潛艇上越過大西洋。」

228

就在柏林被蘇聯人攻陷之前，據報道，馬丁•鮑曼曾與鄧尼茨大將討論過阿根廷火地島問題。這段從柏林地堡中傳出的談話是歐洲戰爭中最後一次被截獲的談話。阿根廷長期以來被認為是許多納粹份子的避難所，但這種可能性被相信阿根廷總統胡安•貝隆的人否認。隨著蘇聯將軍朱可夫和史太林對希特拉是死了還是已經逃亡的問題產生了分歧，納粹仍生存的「神話」逐漸成形。

鄧尼茨與軍人握手。

福克蘭群島是英國的海外領土，位處次南極海域，在戰略上有重要的的獨特地位。透過福克蘭群島，英國是唯一在戰後幾個月內，能夠調查到納粹黨人關於南極避難所和南美第四二計劃的國家。

美國因為對日戰爭和醞釀中的冷戰而心不在焉，被英國在南極的舉動弄得措手不及，並對英國的侵略立場感到羞愧。因此美國人很快就採取了一項在戰時醞釀已久的政策：摧毀英國的帝國主義

229

願望，削弱英國在世界範圍內的影響力，使英國成為名副其實的盟友。早在1942年，英國和英國人的身份就因美國的全球化議程而受到影響。大家要知道英國被剝奪了擁有原子彈的權利（編按：英國原先在核武器研究一直領先，但基於擔憂納粹轟炸中研究設施做成危險，英國決定與美國合作核研究。但在此期間，美國在關鍵環節對英國科學家有所保留甚至封鎖，使英國在二戰後短期內也生產不出原子彈），儘管沒有英國的專業知識及投資，原子彈是不可能製造出來的。此外英國人民面臨著比任何其他西方國家更糟糕的配給制，一直持續到1950年代，英國還被迫給帝國內的大部分領土予以完全獨立或自治。雖然英國在第二次世界大戰中是超級大國，但到了戰爭結束時，由於美國的外交政策，特別是「跳高行動」，英國已被牢牢地置於在外的地位。美國成為唯一成功影響英國的國家。1956年的蘇伊士危機就證明了這一點。即使在二戰結束60年後的今天，英國仍在為美國的外交政策流著血。

各國探索毛德皇后地

如前文所述，納粹的香格里拉確實存在。它的規模、面積不詳，不過肯定是在1938-39年德國南極探險隊期間建立的。**納粹的南極基地隱藏在巨大的洞穴中，英國人認為這基地的存在，足以讓英方於戰爭期間同樣在南極洲建立自己的基地以應對威脅。**雖然有正式記錄的英國探險隊主要集中在南極半島周圍，但沒有記錄的那些探險隊其實集中調查毛德皇后。挪威捕鯨船在1939年之前為紀念挪威國王哈康七世的皇后毛德（1869-1938年），以她名字而命名。毛德曾是英國國王哈康七世的妃子，也曾是聯合王

國的公主，維多利亞女王的孫女。

1930年，挪威人開始對毛德皇后的土地進行深入探索，並首次使用飛機對該地區進行攝影和素描。在隨後1931年和1936年的飛行中，他們發現了一些未知的區域，並發現了一些異常現象，引起全世界的關注。1936年2月4日，拉斯・克里斯滕森將挪威國旗從他的飛機上拋下，藉以非正式地宣稱這塊土地歸屬。根據照片繪製的地圖省略了已查明的乾旱地區和湖泊，但這些發現引起了挪威政府和君主國私下討論，挪威是否應該佔領該地區。經過反復斟酌後，1939年1月14日，在德意志安塔克特探險隊第一次飛越毛德皇后地的六天前，挪威政府通過了一項皇家法令，將埃德比地和科茨地之間的地區訂為毛德皇后地的附屬地區。

「Deutsche Antarktische探險隊」的發現被廣泛宣傳。Ritscher船長和他的兩艘「Dornier Wal飛行船」Boreas號和Passat號進行了大範圍飛行，拍攝了超過1500張照片，涉及面積超過25萬平方公里。然而，就像被刪減的挪威地圖的奇怪情況一樣，大部分影片、記錄和研究資料都在戰爭中被銷毀。幸而有些證據後來又重新出現了。

到了1945-46年的南極夏季結束，英國皇家空軍也在南極上空飛行，繪製南極地區的地圖，尋找合適的地方建立基地。他們發現了更多乾燥地區，這些新發現，甚至可能挑起英國的新南極戰役。英國傲慢地向南極洲派遣軍隊，獨立於美國之外，並在1946年2月發行了一套挑釁性的郵票來慶祝這一壯舉，這將不可避免地導致英

國在南極洲的主張受到質疑。其實這套郵票只是為了紀念英國與納粹主義的最後一戰，而不是用作南極領土聲明。即使英國在「跳高行動」的時候公開表達憤怒，但這只是一個幌子。私下裡英國明白美國超級大國地位，這意味美國不會允許南極洲被其他國家利用來獲取經濟利益。

英國停止了兩年的南極飛行和行動，隨著「跳高行動」的開始，美國在南極洲得到了絕對的自由。隨著納粹的避風港被摧毀，英國人幾乎沒有必要再返回：美國人不會發現任何尚未被發現的東西。或者他們會嗎？

兩年時間裡他們必須盡可能探索南極洲，美國人亦發現了乾燥的地區和暖水湖，引起了媒體的極大興趣，但美國的「跳高行動」計劃6個月，僅僅8周後就結束了，他們收到了來自其他國家的敵對反應。直到這次任務回來後，謠言和理論才開始泛濫流傳，圍繞著它的謎團才真正開始。1947-48年夏天，美國又進行了一次南極考察——「風車行動」（Operation Windmill），並繪製了更多特殊區域的地圖。1948-49年，英國皇家空軍回到南極，並在毛德皇后大陸上廣泛飛行，為挪威、英國、瑞典聯合探險隊（NBSE）尋找一個適合的基地，該探險隊的活動從1949年持續到1952年，目標是調查和驗證1938年德國探險隊的發現。

南極地貌的神秘改變

英國和挪威知道，納粹分子盤踞的毛德皇后地區域與1930-40年代初版本的地圖上的區域有很大不同。為什麼有此現象？可能性很多。例如，那裡曾產生足夠大的爆炸導至形成一個暖流。地面可能已升溫至足夠產生冰下水源，而水源的多少可以通過爆炸的速度來衡量。所有的可能性中，冰雪或會因爆炸落在幾千年甚至幾百萬年未見過水的地區，從而使地貌發生重大變化。當NBSE團隊成員檢查該地區時，他們發現了大陸上最大族群的陸地動物，不是企鵝，而是微小的蟎蟲。這一發現本身十分不尋常。考察隊還在某些區域發現了不尋常的地衣和苔蘚。然而，**以前探險隊的報告中所提到的湖泊，幾乎沒有被注意到；他們也沒有發現廣大的乾燥地區。會不會是湖泊結冰了，大部分的乾燥地區在大雪籠罩下消失了呢？**

與此同時，越來越多的國家希望在南極洲建立自己的基地，未幾發生了小規模衝突。1948年11月，英國在南極半島的「希望基地」懷疑被火燒毀；1952年，阿根廷軍隊向聯合考察歸來的英國人開槍射擊。遺憾的是，其他小規模衝突的細節因外交原因被壓了下來。在1982年，英國在福克蘭群島主權問題上對阿根廷開戰。英國打敗了阿根廷軍隊，導致統治阿根廷多年的法西斯軍政府垮台。阿根廷對南極洲的利益也是一知半解，但由於在福克蘭戰役中有2,000多人死亡，而且面臨著布宜諾斯艾利斯可能被炸毀，阿根廷別無選擇只能認輸。在承認戰敗的同時，阿根廷還堅持戰爭還未結束。按照南美地圖集的說法，福克蘭群島是阿根廷的屬地，誰能保

證戰爭不會在某一天再次爆發呢？那時候，英國相信會再次派遣艦隊出戰，很明顯，福克蘭群島仍然是英國最珍貴的屬地之一，原因很簡單，因為它靠近南極洲，靠近南極洲的所有寶藏和神秘之地。總有一天，有些人會再試圖得到這些秘密。

南極洲的重大發現

在1961年6月23日南極條約生效之前，1958年的國際地球物理年（IGY）給這片冰封的大陸引起重大的國際關注與合作。美國人和英國人一樣，紛紛返回南極，蘇聯人也開始在南極發展根據地。國際地球年的目的是讓各國在分享資源和科學信息的同時，放下自己的要求。IGY的成功使南極條約得以頒佈，但蘇聯表示，它無意離開南極洲，並且在IGY結束時將保留其所有基地。然而，所有索賠國都認為南極洲只能用於和平目的，儘管可以使用軍事人員和設備，但不能用於軍事目的。

在印度尼西亞海岸發現的第二次世界大戰納粹潛艇

在1961年6月條約頒佈之前的幾年裡，美國、英國和蘇聯都曾將南極洲用於軍事目的，據傳這三個國家皆曾在南極洲試驗過核彈。1958年8月27日和30日以及9月6日，至少有三枚核彈

在南極洲被引爆，據說是美國人發放的。有傳言說，這些炸彈是在毛德皇后大陸地區引爆的，引爆地點在目標上方300米處，最初的目的是為了收復冰凍地區。其餘炸彈引爆點的位置一直被高度保密，但據說1939年和1940年德軍偵察過的地區都是目標。

隨著德國人和美國人正式宣稱在探險中發現了溫水湖，更多的湖泊被發現只是時間問題。俄國人也發現了一個這樣的湖泊，那就是沃斯托克湖，正位於地表以下4000米處，奇怪的是，它位於俄國人的沃斯托克大本營下面。這一項發現直到1989年才向全世界公佈。莫非蘇聯人早在多年前就發現了這個地下湖？這是否是他們拒絕離開基地的主要原因呢？儘管已經發現了一個巨大的磁力異常點，但該湖至今仍未被調查，主要是出於對可能釋放出的東西的恐懼，也是為了避免污染湖泊。隨著這麼多湖泊被發現，衛星也證明南極洲是由巨大的冰封群島組成的，那麼，是否像作者克里斯托夫•弗里德里希所言，那裡有一個寬敞得足以讓U型潛艇通過的地下海溝，並在皮里•雷伊斯地圖上顯示的一樣，這真的難以想像嗎？

如果納粹在新施瓦本建立了一個隱蔽的基地，而這基地在1945年被摧毀，只留下幾個德國南極前哨，很明顯納粹入侵南極洲的任何證據都會被美國、蘇聯和英國的核力量全面摧毀。儘管如此，**仍有傳言稱納粹在南極洲並未被完全摧毀，而是逃到了南美洲的秘密基地。**

暗黑指紋：高迪斯

Chapter 7

冷戰，UFO與
流行文化

地外生命、世界末日論、政府陰謀等屢屢出現於
流行文化，這些題材全屬虛構？納粹陰謀流傳經
年，當中有什麼不可告人的秘密？

戰後初期，飛碟頻頻出現後，飛碟迅速成為流行文化中的主要角色。這些具有未來色彩的盤狀飛機，具有驚人的速度和機動性，早於1947年6月24日的事件後便影響了公眾的意識。

肯尼思•阿諾德（Kenneth Arnold）駕駛私人飛機穿越華盛頓州的喀斯喀特山脈（Cascade Mountains），看到九個不明飛行物體在大約9000英尺的高度飛行。他估計它們的速度為每小時1,700英里，這是超聲波飛機誕生前的一個令人難以置信的數字。他描述了這種奇怪的飛船上下翻轉的過程，就像跳過水面一樣。阿諾德的目擊並不是第一次，因為那一年早些時候美國已記錄了近40次發現不明飛行物體的事件。然而這一事件引發了飛碟新聞的熱潮，僅在那個夏天就出現來自48個州的進一步報導。美國對共產主義和俄羅斯侵略的恐懼，因東歐剛建立共產主義政權而加緊冷戰，這都加劇了人們對飛碟的興趣和焦慮。

隨著在全世界範圍內目睹飛碟的人數越來越多，人們意識到飛碟的性能遠遠超過所有已知技術和人類的承受能力，對飛碟的地外起源信仰很快就廣為流傳。美國民眾對蘇聯的超級武器或入侵美國的恐懼，顯然需要官方的回應。美國政府尤其對這些飛碟持矛盾態度，試圖在可能的情況下對飛碟進行拆局，同時堅決否認其起源於地球上的任何可能性。成立於1947年12月的一項監視調查名為「Project Sign」，在當時西北大學天文學教授艾倫•海尼克（Allen Hynek）的指導下，調查了237次目擊事件。1949年2月，美國空軍發起「怨恨計劃」（Project Grudge），1952年3月更名為「藍皮書計

劃」，並得到了海尼克的建議。該項目代表美國對UFO現象的正式調查。直到1969年「不明飛行物體」才成為首選的更技術性和中性的術語。同一時間美國、英國和歐洲眾多平民調查小組成立了，目擊浪潮持續不減。1950年代，科幻小說雜誌和電影在美國和歐洲迅速發展，增強了飛碟的形象和大眾相信外星人來訪的可能性。

世界上有人目擊UFO的報道

　　1947年羅斯威爾飛碟墜毀事件發生後，一種新的接觸者文學得到了發展。50年來，不明飛行物現象已演變成為超越民族邊界的全球神話。史提芬史匹堡（Stephen Spielberg）的電影《第三類接觸》（Close Encounters of the Third Kind）令人們相信政府掩蓋和共謀，有關不明飛行物、外星人和政府陰謀的知識逐漸為人所認識。如今飛碟行業蓬勃發展，每年出版數百本書，內容涉及目擊、綁架、撞車事件甚至外星人的屍體解剖。數十本專業雜誌會仔細分析數據並評估謠言、索賠、照片和目擊者陳述。飛碟成為一門流行文化中熱門題目。電影《天煞-地球反擊戰》（1996年），是關於外星人入侵地球與新墨西哥州羅茲威爾的電影，背景從1947年7月的飛碟墮毀事件起，描述外星人入侵地球，而電視連續劇《X檔案》則突出了超自然現象的調查結果，令到觀眾對不明飛行物產生極大興趣。《X檔案》對地外生命，世界末日論，宗教的迷失和政府對人民

的陰謀……全部展現出來，並提出很多疑問，但卻沒有提供答案。

美國、納粹與外星文明

　　飛碟和外星人的題材，化為各種商品如廣告、影片、海報、T恤和其他產品，已滲入各種流行媒體裡，每個人都可以從各種資訊尋找自己喜愛的題目。以往深奧的納粹主義，沉悶的戰爭歷史，都可以在這種強大而普及的市場中找到了自己的立腳點。

　　早在1950年代，德國民族主義者圈子中已有傳言，戰後的飛碟實際上是德國的超級武器，已經在第三帝國期間進行了開發和測試。在1945年5月德國投降之時，該技術據稱已運送到北極、南美和南極洲的安全地點。因此不明飛行物的大量出現，可歸因於納粹在世界偏遠和人跡罕至地區的秘密活動。到50年代，美國大量出現飛碟個案，有些陰謀論者認為是「納粹飛碟」從南極基地出發，要到同盟國示威和挑釁，而華盛頓白宮目擊飛碟個案就是這原因。到70年代後期，新納粹作家聲稱納粹的最後部隊，就是一支由先進不明飛行物組成的龐大軍事力量，擁有大片南極洲為基地。隨著時間過去，這批納粹不明飛行物體已在科技上突飛猛進，將會把世界從兩個超級大國的制肘和操控，以及戰後民主和自由主義的弊病中解救出來。

　　1956年，時任美國空軍項目「藍皮書計劃」的負責人愛德華•魯珀特爾（Edward J.Ruppelt）上尉說：「第二次世界大戰結束時，

241

德國人正在研發幾種激進型的飛機和制導導彈。其中大多數處於初期階段，但它們是唯一一種接近目擊報告中的不明飛行物體性能的已知軍備。」整個故事始於1953年，哈里●杜魯門（Harry Truman）總統在白宮橢圓形辦公室將管理權移交給艾森豪。隨著橢圓形辦公室主人的移轉，杜魯門交給了艾森豪一份名為「Majestic 12」的絕密項目檔案，這是杜魯門總統依照機密行政命令建立的專案。據稱，「Majestic 12」是一個由科學家、軍事領袖、政府官員組成的秘密組織代碼，由杜魯門總統在1947年簽署的行政命令下成立，旨在回收與調查外星飛船。值得一提的是，在美國所有總統當中，恐怕數艾森豪總統對不明飛行物體和外星生命最狂熱和最感興趣。根據報道，有充足證據證明艾森豪總統至少曾三次會見外星人。據說，這樣的秘密會議一次是在加州的愛德華茲空軍基地（Edwards Air Force Base, EAFB）舉行，另外兩次在新墨西哥州的霍洛曼空軍基地（Holloman Air Force Base, HAFB）舉行。在新墨西哥州舉行秘密會議後，據稱該地區的UFO目擊事件數量翻了一倍。

艾森豪與外星人第一次會議

那麼，讓我們來看看據稱於1954年在愛德華茲空軍基地舉行的會議。艾森豪總統堅信，宇宙中的其他地方都有生命。1954年2月，這位美國總統在棕櫚泉（Palm Springs）度過了幾天的假期，根據報導，一個星期六下午，他竟失蹤了數個小時，甚至錯過了那天的晚宴，直到第二天早上才現身人前。媒體當然關注總統的下落，當時白宮新聞秘書告訴記者，總統在吃炸雞的時候咬斷了一顆

牙齒，看牙醫去了。

　　《華盛頓郵報》（Washington Post）的特約撰稿人彼得・卡爾森（Peter Carlson）駁斥這種說法，認為純屬掩飾說辭。奇怪的是，儘管白宮已經將總統看牙醫的事情透露給媒體，卻沒有關於斷齒或破牙的說明，也沒有牙醫來到艾森豪總統圖書館的棕櫚泉，連醫療和牙齒記錄詳細報導都沒有。UFO 調查員向威廉・庫珀（William Cooper）尋找證據，他是海軍情報簡報小組成員，有查閱機密文件許可，根據他對機密檔案的說法，外星文明與地球有接觸。至於第一個指出艾森豪總統已經會見外星人的消息來源，可以追溯到杰拉爾德・萊特（Gerald Light），1954年4月16日，他給當時的邊境科學研究協會（Borderland Sciences Research Associates）主任米德・萊恩（Meade Layne）的一封信中聲稱，他是一個社區領袖代表團的成員，曾在愛德華茲空軍基地與外星人會面。**據稱，第一次會議，艾森豪是和兩個具有北歐人外貌特徵的金髮藍眼外星人會談，儘管所謂的討論在禮貌的氣氛下進行，但未達成任何協議，據說外星人希望人類停止核試驗，但美國不想放棄。**由於沒有達成任何協議，雙方不歡而散。次年外星人再次造訪地球，這回來到新墨西哥州的霍洛曼空軍基地，以方便與艾森豪總統會面，這裡距離著名的羅茲威爾外星飛碟墜毀地點不遠。

　　杰拉爾德・萊特（Gerald Light）在信中描述這次會議經過。「我親愛的朋友：我剛從穆羅克（Muroc，愛德華茲空軍基地）回來，這份報告是真的——極度真實！我與赫斯特（Hearst）報業的富蘭克林・艾

GERALD LIGHT
16345 SCENARIO LANE
LOS ANGELES 24 CALIFORNIA

Mr. Meade Layne
San Diego, California

My dear Friend: I have just returned from Muroc. The report is true--- devastatingly true!

I made the journey in company with Franklin Allen of the Hearst papers and Edwin Nourse of Brookings Institute (Truman's erstwhile financial adviser) and Bishop MacIntyre of L.A. (confidential names, for the present, please.)

When we were allowed to enter the restricted section, (after about six hours in which we were checked on every possible item, event, incident and aspect of our personal and public lives) I had the distinct feeling that the world had come to an end with fantastic realism. For I have never seen so many human beings in a state of complete collapse and confusion as they realized that their own world had indeed ended with such finality as to beggar description. The reality of "otherplane" aeroforms is now and forever removed from the realms of speculation and made a rather painful part of the consciousness of every responsible scientific and political group.

During my two days visit I saw five separate and distinct types of aircraft being studied and handled by our airforce officials---with the assistance and permission of The Etherians! I have no words to express my reactions.

It has finally happened. It is now a matter of history.

President Eisenhower, as you may already know, was spirited over to Muroc one night during his visit to Palm Springs recently. And it is my conviction that he will ignore the terrific conflict between the various "authorities" and go directly to the people via radio and television---if the impasse continues much longer. From what I could gather, an official statement to the country is being prepared for delivery about the middle of May.

I will leave it to your own excellent powers of deduction to construct a fitting picture of the mental and emotional pandemonium that is now shattering the consciousness of hundreds of our scientific "authorities" and all the pundits of the various specialized knowledges that make up our current physics. In some instances I could not stifle a wave of pity that arose in my own being as I watched the pathetic bewilderment of rather brilliant brains struggling to make some sort of rational explanation which would enable them to retain their familiar theories and concepts. And I thanked my own destiny for having long ago pushed me into the metaphysical woods and compelled me to find my way out. To watch strong minds cringe before totally irreconcilable aspects of "science" is not a pleasant thing. I had forgotten how commonplace such things as the dematerialization of "solid" objects had become to my own mind. The coming and going of an etheric, or spirit, body has been so familiar to me these many years I had just forgotten that such a manifestation could snap the mental balance of a man not so conditioned. I shall never forget those forty-eight hours at Muroc!

杰拉爾德在信中稱艾森豪總統已經會見外星人。

倫（Franklin Allen）和布魯金斯學院（Brookings Institute）的埃德溫・諾斯（Edwin Nourse），（杜魯門的財務顧問）和洛杉磯的麥金太爾主教（Bishop MacIntyre）一起進行了這趟旅程。當我們被允許進入管制區（我們先前有將近6小時被訊問到關於各種可能的活動、事件以及我們私生活和公眾生活方面的問題），我有一種獨特的感覺，世界夢幻般的現實主義將走到了盡頭，我從未見過如此多的人處於完全崩潰和困惑的狀態，因為他們意識到，自己的世界確實將以非語言所能形容的終極性結束。

不明飛行物體的真實情況，現在且永遠地從猜測的領域中消失，並且成為每一個負責任的科學和政治團體相當痛苦的意識一部分，因為這個秘密永遠不能說出口。

在我兩天的造訪期間，在埃瑟人（Etherians）的協助與許可之下，我看到了五架奇特且不同類型的飛行器，正由我們的空軍官員進行研究和操控！

我無法用語言來表達我的反應，它終於發生了，這是歷史問題，正如你可能已經知道的那樣，艾森豪威爾總統最近在造訪棕櫚泉期間對穆洛克精力充沛，我堅信，如果目前的僵局持續未解的話，總統會忽略各方單位的權力鬥爭並直接透過廣播和電視向社會大眾說明。從我收集的信息來看，對全國的正式聲明準備約在5月中旬發佈。」

245

艾森豪與外星人第二次會議

　　第二次會議有許多目擊者報告，艾森豪總統和外星人在新墨西哥州的霍洛曼空軍基地會面，這裡距離羅茲威爾外星飛碟墜毀事件地點大約120英里。**根據報導1955年2月數百人目睹了在霍洛曼空軍基地的空軍一號停機坪，艾森豪總統在一個碟形船上會見了外星人，他在那裡待了大約45分鐘**。一些UFO研究人員聲稱，最終，艾森豪總統與灰人簽署了條約，條約內容如下：

1.我們不介入他們的事務，他們也不介入我們的事務。

2.他們會協助我們，發展我們的技術。

3.他們不會與地球上的任何其他國家簽訂條約。

4.他們可以綁架人類進行各種實驗，但必須向地球的Majestic 12委員會提供所有被綁架者的姓名。

5.不向大眾告知外星人的存在。

　　奇怪的是，傳說中的「藍皮書計劃」、美國空軍的UFO目擊和調查檔案當中包括了1950年發生在新墨西哥州阿拉莫戈多（Alamogordo）霍洛曼空軍基地的一宗事件，一名空軍特別調查局特工報告說，他看到一個像星星般的飛行器，當它在幾個方位上作不規則移動時，機身顏色從明亮的白色到紅色和綠色作出令人驚訝的轉變。

　　UFO研究人員認為，**UFO現象是一種全球現象，許多政府都意識到它們的存在**。根據美國國防部在2010年公佈的機密文

件，前英國首相溫斯頓・丘吉爾（Winston Churchill）可能已下令將UFO目擊保密，據說邱吉爾曾與艾森豪總統討論過如何處理UFO目擊事件。大多數的UFO研究人員都同意，有時掩蓋UFO事件對我們的社會安全有益，不過，**現代情況不同了，無數的UFO目擊和外星人造訪報告已經公佈，除此之外，許多原本保密的外星生命相關檔案已經解密，並且向公眾公開。**

讀者看到艾森豪總統和外星人見面的故事，應該留意到他們描述的外星人容貌是金髮藍眼，**是否這些所謂的外星人，不是來自外太空，而是從地球的地下世界而來？**他們是雅利安人、是來自南極基地？從前我們對飛碟的認知是來自外太空，不過近年已有很多目擊個案，都是從海底、火山，甚至極地（南極，西藏等）出現。這樣是否能夠証明UFO是以地球某些角落為基地呢？從納粹基地、美國出現的飛碟事件、MIB、羅茲威爾、艾森豪總統會見外星人等，眾多事件交織起來的脈絡顯示，外星人好像從極地而來，而不是在外太空。

納粹與外星人

從主要公開的信息來看，德國的活動比希特拉的納粹活動更多。主要參與者是德國秘密社團。在德國，主要的秘密社團是圖勒協會（Thule），該社團既是神秘主義團體，也是納粹黨下從事超自然現象研究的組織，其目標之一是驗證雅利安古代文明，並贊助技術，武器和飛機的開發。另外，由希姆萊的「黑太陽計劃」是圖勒協會的女性分支——維利會（Vrill）內一班擁有心靈能力的女

性，與外星人和古代地下文明溝通的媒介。秘密社團創造了位於南美和南極的德國分離派。應該特別指出的是，即使「黑太陽」成員是黨衛軍，希姆萊認為他成功地控制了秘密社會，但事實證明「黑太陽」的主要忠誠是對圖勒協會和其他秘密社會。第二次世界大戰期間，當風潮逆轉之時，德國的突圍使其政治機構與德國政府分離，他們拒絕讓德國獲得先進武器並進一步發展飛碟，這絕對影響德國於第二次世界大戰的結果。

自1920年和30年代初以來，德國秘密社會已經與兩種不同類型的外星人群體建立了政治和外交關係。其中一個是爬行動物類人聯盟，稱為德拉科。另一種群體具有北歐人的金髮、藍眼睛特徵，但智慧更高，這些外星人稱為「雅戈泰」（Agarthans），居住在地球地底。這群人因為許多世紀前在地面發生的某種災難事件而進入地下……由於Agarthans是具有先進技術的古老人類種族，因此有人認為，德國種族概念起源於雅戈泰，正是身材高大的雅利安人，也擁有金色的頭髮和藍色的眼睛。雅戈泰將德國人帶到南極的一個地下區域。有某種地下開發的基礎設施，是由過去另一個文明建造的。第二次世界大戰結束後，美國政府創建了一個「回紋針行動」計劃，這是美國政府旨在吸引德國科學家、工程師和技術先進人才的計劃。聽起來是件好事，但計劃還包括一些與政治有聯繫的個人，這些人被指控犯有戰爭罪和危害人類罪。美國人想要科學家、工程師和技術人員的原因之一，就技術而言，德國人比當時世界其他地區領先至少40至50年。另外，他們不希望本身的科學家，工程師和技術人員致力於開

發美國的太空計劃和其他各種技術計劃。隨著時間過去，科學家、工程師和技術人員證明是值得吸納的，他們開始在美國政府內部發揮某種影響。

1947年，美國情報人員在南美洲和南極發現了「德國突圍者」及其基地。此外，情報人員還獲悉，南極有一個大型軍事基地。美國政府決定在理查德 • 伯德海軍上將的指揮下，向南極洲派遣一支大型海軍艦隊。這被稱為「跳高行動」。參加「跳高行動」的海軍艦隊包括航空母艦、驅逐艦和潛艇；這是自第二次世界大戰以來最大的戰鬥小組。

當艦隊到達南極時，隨即參加了戰鬥，戰鬥中，艦隊處於許多高科技武器的接收端，他們沒想到會遇到這種武器。從水下湧出的是高度先進的飛機，擊落了美國飛機，對海軍艦隊中的幾艘船造成了嚴重破壞。在艦隊退回美國海岸之前，許多人喪生了。伯德海軍上將向國防部和參謀長聯席會議提交了報告，直到今天，該報告仍屬於機密。政府沒有忘記「回紋針計劃」的科學家，他們協助促成與逃到南極德國突圍者的會談。杜魯門總統與南極代表開了一次會議，試圖商談條約，但是雙方的要求偏離很遠，結果只是停止戰爭，美國答應保密對方的南極基地，為免令羣眾再次進入戰爭的恐慌，因為雙方的敵人是蘇聯的共產政權。杜魯門總統在「回紋針行動」的德國科學家協助下，其後美國從1947年不明飛行物在新墨西哥州羅茲威爾發生飛碟墜毀事件到好處，在科技上取得突破，收集其他不明飛行物殘骸，因為政府制定了一項政策，將不明飛行物，

外星人和某些技術進行分類，並且不向公眾承認它們的存在。對外星人存在進行分類及隱瞞的原因是，如果人民接觸到訊息，造成破壞我們所知道的社會制度，而保密行動則令美國在科技上取得了優勢。

不久之後，**美國的天空上頻頻出現不明飛行物體，其中包括1952年著名的不明飛行物飛越華盛頓，在白宮上空集合。**原有的策略改變，政府、軍方想將UFO和外星人的存在向公眾公開，美國政府不再想掩蓋。因為這些行為，美國認為是挑釁，等同宣戰；美國空軍更希望進行軍事回應。但是杜魯門總統卸任後，把問題留給了下任總統艾森豪威爾，希望能完成談判，就此問題簽署條約，希望藉利用條約解決問題。同時，和納粹外星有關係的成員開始在羅茲威爾的51區空軍基地工作，並參與美國航天計劃和軍部飛機開發。**美國情報人員認為，這些納粹餘黨暗中進行滲透計劃，想利用美國人在太空中建立基礎設施。**他們向大公司高管介紹技術，滿足他們的需要，所有公司高層看到的都是「美元」，他們不在乎誰是滲透者以及其動機是什麼。最終這羣人成為了很多大公司的執行董事會成員，成功滲透到了美國工業園區。這是艾森豪威爾總統對於軍工聯合體提出警告的背景之一。**他們甚至滲透到了情報機構，到了1960年代，實際上已經滲透到了美國政府本身。**

馮布朗與納粹太空計劃

維爾恩•馮布朗（Wernher von Braun）博士是火箭技術發展的領先人物之一。在學校，他向火箭先驅赫爾曼•奧伯特（Hermann Oberth）索取了火箭進入行星際空間的副本。馮布朗與洛杉磯火箭

科學家傑克・帕森斯（Jack Parsons）建立青少年工作關係並交換了想法，他在1940年代初領導總部位於美國的「東方聖堂武士」（Ordo Templi Orientis, O.T.O.）。這個組織繼承了金光黎明會，旨在復興近代魔法，嘗試利用秘傳古藉，試圖開啟和創新從約翰・迪伊（John Dee）、阿萊斯特・克勞利（Edward Alexander Crowley）以來的魔法。馮布朗於1930年加入創建於1927年的「太空飛船旅行學會」（Vereinf ü rRaumschiffahrt, VfR）。學會一邊進行火箭實驗，一邊尋求推廣太空旅行的方法。為此，奧伯特擔任弗里茨・朗（Fritz Lang）早期科幻電影《月亮中的女人》（Franu im Mond）的顧問。1930年代德國開始進入科幻太空年代，從書籍、電影、科普文化，令德國人從一戰的挫敗感，轉移到科技的崇拜和熱衷。馮布朗從1937年開始擔任納粹黨衛軍軍官，他是設計德國V-2火箭的團隊負責人，該火箭在1944年和1945年轟炸了倫敦和安特衛普。主軸在德國哈茨山脈的巴德薩克薩（Bad Sachsa）。

馮布朗是設計德國V-2火箭的團隊負責人

1945年，馮布朗通過美國策劃的「回紋針行動」（Operation Paperclip）被帶到美國，成為美國航天計劃之父。究竟為何他要逃到美國？在1942至43年，納粹高層對V2飛彈發展有嚴重分歧。究竟V2發展成遠程導彈或是向太空發展，一直都有不同意見。當馮布朗在波蘭、捷克地區研究和開發 A9/A10火箭時，納粹秘密武器的決策已經有幾個不同的方向：

1.研究末日武器，繼續同盟軍作戰。

2.以圖勒、維利會的飛碟，飛往外星和回歸雅利安人始祖。

3.由軍部發展的飛碟作為武器，在南極、南美建立最後部隊。

4.由馮布朗A10火箭為主導，去月球建立基地；在地球軌道上
建立太空站，利用原子/核彈定點攻擊同盟國。

A9/A10火箭設計圖

　　不過到戰爭後期，納粹發展出噴氣式戰鬥機，而且維利飛碟技
術不後傳給軍部發展其他武器。納粹太空計劃正式分為兩部份。飛
碟因載量和移動性而成為武器，而火箭就發展成為運輸工具，將人
和物資運往月球建立月球基地。馮布朗眼見納粹德國大勢已去，納
粹逃亡計劃又有分歧。究竟去南極或是南美，納粹各高層各執一
詞，因為納粹餘黨逃去南美，可以將德國的黃金資產，利用
美國、西班牙和阿根庭銀行體系轉移到地下，使到建立第四
帝國、復興日耳曼民族可以繼續進行。若選擇逃往南極，納
粹將成為孤島帝國，不能和其他國家聯繫；納粹德國所擁有的

債券、股票、外國公司的控制權，所有東西便成為廢紙。馮布朗這群科研人員，當然了解自己處境。因此選擇去美國是他們的唯一出路。當戰後美國建立NASA時，他們與共濟會勾心鬥角，這是另一個精彩的故事。

戰後歐洲與南極基地

在1956年至1960年之間，挪威探險隊從陸地調查和航空中拍照繪製了莫德皇后地區的大部分地圖。令人著迷的是，他們的確找到了一座無冰山，與南極基地傳言中的描述相符，他們稱它為黑色錘子 (Svarthamaren)。如果它確實是南極基地的所在地，它的秘密將一直保留到本世紀，因為根據1978年「南極保護法」，它已被指定為南極特殊保護區和特殊科學興趣站——自然研究實驗室，研究南極海燕 (Thalassoica Antarctica)、雪海燕 (Pagodroma nivea) 和南極賊鷗 (Catharacta maccormicki)，如何適應南極內陸/內陸的繁殖。僅限於少數幾位特選科學家能進入。如果這是一個陰謀，那麼在未來許多年裡，任何人都無法接近實際發生的情況。令人驚訝的是，有證據表明希特拉的得力助手赫斯（Rudolf Hess）被委託協調建造南極基地的工作。赫斯前往英國，於1941年5月10日被捕為戰犯。被捕後，赫斯被單獨關押在斯潘道監獄，直至去世。這種特別待遇暗示他掌握著盟國認為危險的信息。確實，克里斯托夫•弗里德里希（Christof Friedrich）在他的《納粹極地秘密探險》一書說，赫斯管理極為重要的南極檔案。赫斯本人相信保留有極地文件。理所當然是由赫斯將這些信息為某種原因而和英國聯繫，甚至進行和談。這解釋了他單獨飛往英國的原因。

最特別是在前一時期，在1941年之前，約1936年巴伐利亞州出現飛碟墜毀傳聞，在這段時間納粹傳聞已開始發展飛碟，起碼進入製造和開發多個飛碟計劃的早期階段。**赫斯掌握的信息還包含有關飛碟墜毀的倖存者及其最終命運。**許多人認為，赫斯沒有參與所謂戰爭罪行，英方故意關押他終生在斯潘道監獄，其實是為了保護他的安全。據推測，死於斯潘道監獄的那個人，實際上根本不是赫斯。為了隱藏真相，赫斯可能已被謀殺。所以為了將事情掩蓋，故意散佈假訊息，因為赫斯在監獄被殺，會令到英國非常尷尬。戰後歐洲各國要淡化各種納粹事件。隨著「跳高行動」的失敗，北歐，英國依然暗地裏調查南極的情報，盡量將南極內發生的事情盡量保密。美國、納粹和南極內的外星人共存，成為對抗蘇聯而採取的和平手段，將雙方敵對狀態，減至最低，是必然做的措施。

太空競賽的開始

　　1957年蘇聯發射了人造衛星，這在歷史上世界第一個由蘇聯製造的衛星，成為太空競賽的觸發點。一年後，美國航空航天局（NASA）在美國成立，由此開展了太空旅行的故事，包括登月、衛星業務、向火星和木星的衛星運輸等。有一件少人提及的事情，便是美國和蘇聯在地球大氣層外測試核彈。1958年，美國和俄羅斯以「HANE計劃」或高空核爆的名義，進行了為期4年，用核彈轟炸天空的任務，直至到1962年為止。在過去這是非常秘密的，所有資料列為最高機密。但是50年後，2012年該檔案庫已經向公眾開放，您可以在維基百科上詳細了解其中的檔案，而核彈爆發的結果

是大氣層無法通過（編按：在真空環境下，沒有出現蘑菇雲，也不會有衝擊波，而衝擊波是核彈的主要傷害所在）。**究竟美蘇兩國為何在冷戰敵對期間，雙方都向大氣層發射核彈？是否雙方都認為地球大氣層外有共同敵人？是否雙方都在攻擊某些目標？**這些疑問直到現在還未有一個合理解釋。

有幾事成為世界改變的重點，1959年南極條約的誕生，其宗旨是使南極洲不對外開放。1958年的太空核彈測試，結果是太空裡威力大大縮小。究竟誰擁有或駕駛那些不明飛行物體，令美國冒險在太空核試？德國明顯地戰敗了，也沒有證據表明新出現的敵人俄羅斯擁有如此先進的技術。他們像美國一樣，僅處於火箭時代的邊緣，完全依賴戰後從德國獲得的技術和專門知識。沒有其他已知的威脅可以解釋美國對南極洲的入侵，也不能解釋那些「以極快的速度從極點飛向極點」的飛行物體是什麼。羅茲威爾事件一直是爆炸性新聞，主導整個UFO調查的方向，這卻將美國向南極洲的攻擊計劃「跳高行動」完全淡化了，悄無聲息地在主流媒體中消失。同一時期，這種傳言開始流出：**德國被擊敗，但盟軍橫掃歐洲大陸時，納粹已在南極洲建立基地，一些納粹軍事人員和科學家逃離了德國，在南極繼續開發基於外星技術的先進飛機。**有趣的是，戰爭結束時，同盟國確定有25萬德國人下落不明，這已把人員傷亡和死亡人數計算在內。對於一個剛剛起步的殖民地來說，25萬將是一個相當大的人口基礎，能為任何類型的工業基地提供必要的技能，專門知識和充足的人力，更不用說按當今的標準開發成本極高的技術了。

南極基地的結局——阿格斯行動（Operation Argus）

在維基百科上「阿格斯行動」（Operation Argus）的説明如下：在國際地球物理年期間，美國確實在高空爆炸了三顆原子彈，作為阿格斯行動的一部分，調查大氣層外核爆炸的影響。那些持懷疑態度的調查人員堅持認為，儘管與英美部隊屢次在南極發生衝突，但新施瓦本的納粹基地仍在運作多年，直到1958年國際地球物理年才沉默下來，因為美國秘密在該地區投下了三枚核彈。不管這看起來多麼令人難以置信，美國現在已經承認確實在1958年8月27日，8月30日和9月6日的阿格斯行動期間，秘密地在南大西洋上空炸了三枚這樣的炸彈，直到一年後才公開試驗報導。紐約時報於1959年3月19日首次報導了大氣層出現破裂現象，懷疑有大型高空爆炸而引起。直到1982年4月30日，測試的全部結果和文件才被解密。不過疑問一直沒有解答，其中此行動向外間公佈是高空核爆測試行動，為何此次行動中為何有九艘艦艇共約1500名人員（第88特遣部隊）參加了阿格斯行動？這班人數高達1500人的特遣部隊是甚麼原因參加行動？如果測試在南極上空，為何需要地面部隊？是否是有敵對部隊在南極，需要地面部隊進行軍戰行動？根本是説不通。美國海軍第88特遣部隊（TF-88），成立於1958年4月28日。TF-88特遣部隊完全是為了執行阿格斯行動而組建。阿格斯行動完成後，特遣部隊即被解散。其中部分記錄在這段時間內被銷毀或丟失。特別值得注意的是，在丟失的文件中，有一些記錄了阿格斯行動期間的輻射水平。TF-88參與者中，有人患了白血病，向退伍軍人管理局索償，他們的白血球高於正常水平，這一點證實是有爭議的。我們很

難確定參與者所受的輻射量到底有多大，以及他們為何要參與這測
試行動。

美國海軍第88特遣部隊

　　美國當局的報告說，這次測試的目的，主要是證明克里斯托弗
洛斯理論的有效性，即證明由中子和裂變產生的電子外層中的人工
創造衰減產物和高空大氣中設備材料的電離。當局堅持認為，這些
測試與南極納粹基地的存在完全無關。由於南極即將實施的大氣和
大氣外測試禁令，因此美國必須進行保密。另外美國官方說測試是
距離毛德皇后地超過1200英里外進行的。英國和美國一次又一次未
能提供關於南極洲活動的準確及詳盡的信息，他們的理由是洩露此
類信息會危害國家安全，引致大眾各種的猜測。

　　阿格斯行動中前往南大西洋爆炸場的九艘船，每艘船都有不
同的任務，包括收集科學數據、維持安全和加油。諾頓聲號（USS
Norton Sound）是導彈發射的基礎。執行任務前停靠在舊金山，

該船進行了改裝，以支持和容納從海船上發射核武器，這是美國第一次由船隻發射核武。在7月進行的校準測量和跟踪設備測試中，四次導彈發射中只有兩次成功。儘管如此，諾頓聲還是在8月1日從加洲懷尼米（Port Hueneme）港口出發，繞著南美航行，朝南大西洋航行。到達目的地後，專案組人員會對其發射計算進行微調，考慮天氣狀況，包括最重要的地表風。為了測試調整並為大型活動做準備，諾頓聲號發射了四枚改良的火箭，檢查並調整了導彈跟踪和觀察設備，然後執行任務。1959年8月27日，第一個核裝置阿格斯1號從諾頓聲號的甲板發射升空。根據美國國防部核試驗局的測試報告，船上的人看到了地平線上的閃光，照亮了雲層，而在大約6,700米處飛行的飛行員則報告說看到了一個巨大的發光球。在接下來的30分鐘裡，機組人員觀察並拍攝到極光。在接下來的九天裡，阿格斯二號和三號在更高的高度又進行了兩次爆炸。

此次行動是否成功？在正統的軍方報告說是成功，不過是否真的炸毀了南極基地？沒有一個肯定答案。不過最奇怪的是紐頓號沒有跟隨艦隊回航到加洲，反而獨自去了巴西里約熱內盧和巴拿馬運河，之後才回到加洲港口。**這三枚核彈的後遺症，有人說是南極臭氧層出現缺口的主要原因。**換言之，美國或許沒有摧毀南極基地，反而令到對方製造了防衛南極基地的臭氧洞。到了現在美國軍方都承認不明飛行物體和發放了影片。南美成為出現不明飛行物體的熱點。納粹的傳聞依然活躍，從電影、電腦遊戲、書籍都不乏以UFO為賣點的作品，流行文化將會成為納粹陰謀、影子政府等陰謀論繼續發酵的土壤。

Chapter 8

納粹南極終極計劃

納粹於南極設有基地，相關證據前文已詳述。傳聞戰敗後的納粹把人員移到南極，他們有什麼最終目的？那些高性能的U型潛艇部署有何作用？希特拉是否如歷史所載自殺而死了？

阿根廷與德國二戰時的關係

　　在講述納粹南極終極計劃前，我們要認識一種型號的U型潛艇——U-530的神秘行動。根據艦長韋爾姆斯及其屬下軍官敍述的U-530故事，主要事件可歸納如下：

　　據說在紐倫堡法庭，有一個軍官說出鄧尼茨將軍的一段說話，「德國潛艇艦隊為在世界另一端的帝國建造了一座香格里拉，這是一座堅不可摧的堡壘，這是一座無懈可擊的堡壘，在永恆的中間是一片天堂般的綠洲，我們為此感到自豪。」以色列猶太主義者所組成的復仇者聯盟（Hanokmin）廣泛宣傳這句話，以色列作家和前摩薩德特工邁克爾•巴•佐爾在他的書引述過這段說話。1945年3月美國國務院流傳一份詳細納粹報告，其內容如下：「納粹政權對他們戰後的延續和學說有確切計劃，有些計劃已經付諸實行。所以在戰後盟軍都認為納粹德國投降後，納粹軍人會繼續進行戰爭。」

根據德國海軍檔案館，納粹在1945年4月向盟軍投降數月後，一艘U-530潛艇仍於4月離開德國基爾港，為「Valkarye-2行動」到達南極洲，據報導該船員建造了裝上鋼板的冰屋，並卸下第三帝國的文物和貴重物品，用以儲存。完成任務後，潛艇於7月10日進入阿根廷水域向當局投降。五週後，U-977潛艇船員也向阿根廷投降，傳聞U-977潛艇將希特拉和伊娃的遺體運到南極基地。儘管船員受到審問，納粹海員對他們實際的南極任務仍然保持沉默。後來有人聲稱，潛艇所以將希特拉和伊娃的遺體運往南極洲，是為了從他們的DNA中克隆出來新的元首。

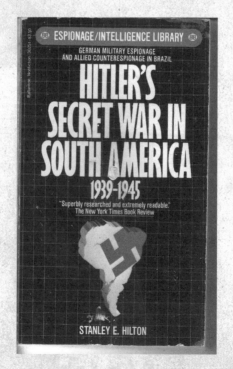

為何納粹潛艇在阿根廷投降？原因是阿根廷是同納粹德國有非常友好的外交關係。第二次世界大戰爆發之前，阿根廷與西班牙、意大利和德國有著密切聯繫。二戰爆發後，西班牙、意大利和德國成為軸心國，阿根廷曾被西班牙殖民，阿根廷的官方語言也是西班牙語。當第二次世界大戰開始時，阿根廷雖然屬於中立國，但舉國上下對軸心國給予巨大的支持。原因有二：一是阿根廷與軸心國有較深的歷史淵源，二是阿根廷同樣反猶太。猶太人在阿根廷建設中作用很大，第二次世界大戰開始前，這些猶太人同樣遭到阿根廷人的迫害。納粹大屠殺期間，阿根廷拒絕猶太人逃到他們國家，但仍有少量的猶太人通過賄賂官僚進入阿根廷。阿根廷還利用其中立地位，幫助軸心國說話。

　　1944年，在美國的巨大壓力下，阿根廷不得不中斷與德國的關係，在戰爭結束前一個月才加入盟國。這在外界看來是非常正確的選擇，但胡安•貝隆卻私下對人說這一切都是為了表演給美國人看。歷史會記得這位年輕的貝隆上校在1940年6月法國淪陷後，他陪同納粹代表團，包括希特拉訪問巴黎。二戰時期阿根廷雖然是中立國，但是，實際上它有親納粹的傾向，究其原因，是因為阿根廷複雜的人口組成。阿根廷人口大部分由外遷而來，其中以意大利移民和德國移民居多，是一個不折不扣的移民國家，到上世紀初期，德裔人口已經達到了25萬。這些移民雖然在阿根廷已經生活了很多年，逐漸適應了新的生活和環境，但是，其內心深處對於他們的故土仍然有著強烈的感情，再加上納粹在阿根廷的思想滲透，因此阿根廷國家內部就形成了一股強勢的親納粹勢力。而從外部環境來

説，阿根廷一直受美英的制約和打壓，經濟發展困難，國内的反美反英情緒高漲。長期受制於人的阿根廷一直夢想著能改變局面，成為拉美地區的軍事領導者。該國要發展軍火工業，只能依賴於當時的德國。而阿根廷距離德國地理位置遙遠，且國内一直有親德情緒，民間的德裔很樂於幫助藏匿的納粹餘黨，因此，這裡被認為是逃亡的最佳去處。阿根廷還曾給德國納粹提供大量護照，幫助戰犯逃脱制裁，許多戰犯藉此機會得以逍遙法外。**甚至傳聞納粹在阿根廷建立飛碟基地，直至現在南美有大量目擊飛碟個案就是這原因。**

《時代雜誌》曾報導一段離奇的故事：事件發生在1945年7月23日，在德國投降大約兩個月後，有艘U-530潛艇投降到阿根廷馬德普拉塔。在阿根廷海岸外，曾有人目擊潛艇放下兩名乘客，一名高級官員和一名平民，時代雜誌記者推測這對夫婦，可能是希特拉和他的妻子伊娃，而伊娃當時是穿著男裝的。另一段是紐約時報在1945年7月18日，引述路透社在阿根廷的報導，7月17日布宜諾斯艾利斯報紙《克里蒂卡報》（Critica）提出了令人震驚的理論，希特拉和伊娃可能從U-530去到南極。**這兩段報導雖然所說的南轅北轍。不過兩者都有共通點，就是希特拉和伊娃兩個都沒有在柏林地下**

當年有報章報道希特拉並未自殺。

堡自殺，而是乘坐U-530逃離德國。該段報導提到目的地可能是在德國南極考察的毛德皇后地。登船的地點可能是阿根廷，南極很可能建造了一座新的地下城。克里蒂卡報補充說，U-530可能是從德國到南極的潛艇艦隊的一部分。不過沒有任何證據表明U-530曾經訪問南極洲，儘管艦長和他的船員都沒有確切解釋他們過去兩個月究竟做了甚麼。

U-530的最後航程是一個謎

1945年7月10日，阿根廷測量師對U-530進行了檢查，發現U-530看起來好像在某些可怕的海上災難中倖免於難。船體沒有油漆，生鏽嚴重，甲板和結構由於使用猛烈的腐蝕性清潔材料而損壞，外殼好像被大火燒過。砲塔被拆開，船體發霉，柴油機嚴重損壞。除了潛艇的柴油機外，美國和阿根廷的解密文件都沒有對船體損毀提供任何解釋。

此外，大量的潛艇資料文件被拋棄。根據美軍搜查隊向船員審問後，所現所廢棄的物件如下：戰爭和航海日記和其他秘密書籍、五枚未使用的魚雷、加上陀螺儀和六分之一的彈頭，其中電池爆炸並卡在管子中、魚雷瞄準設備、20毫米和37毫米高射砲的全部彈藥、37毫米高射砲的零件、炸藥、壓力計、三枚Metox反雷達、一枚Hohentwiel雷達和天線。大多數機組人員，包括指揮官都缺少軍人証、潛艇人員紀錄和其他身份證件。根據船員所講，文件是在U-530上沒收的，它們在海軍隨員報告J段中有所提及，但該部分迄今為止似乎尚未解密。

儘管儲備充足，機組人員卻有人餓死和嚴重營養不良。這反映U-530上的某些物質使食物無法食用，甚至令人體中的維他命C大量消失。儘管該船已經在馬德普拉塔（Mar del Plata）進行了清洗和放風三天，但船內仍然散發出令人噁心的惡臭。有人懷疑真正的指揮官已離開，可能帶著戰爭日記和其他秘密文件下船，交給在潛伏阿根廷的納粹間諜，將潛艇的航行情況告知納粹其他成員。甚至可能在阿根廷海軍允許下，直到7月12日真正的U-530返回之前，用破舊的潛艇代替了它，有人更懷疑艦長和部分船員是假冒的，用意是隱藏U-530真正的目的。根據1945年7月10日阿根廷新聞社採訪的許多機組人員所說，甲板炮是105毫米重的武器，重達5噸，他們在公海上進行非常努力將其拆除並進行人為操作。這不太可能是錯誤的記憶。假的船員向記者說，U-530沒有甲板槍，後者在航行時留在碼頭上，而真的船員似乎根本沒有提及。在美國或阿根廷海軍的報告中沒有提及甲板炮。這突顯了甲板炮的重要性。甲板炮可能是造成U-530災難，導致潛艇要浮上水面向阿根廷政府投降的原因。

　　1945年2月19日，U-530在基爾港調配物資。德國海軍供應了新鮮的食品，包括肉、蔬菜、麵包和17周的特殊U型潛艇食品。在沒有額外補給下，航程持續了15週，但在馬德普拉塔（Mar del Plata）時，潛艇上仍然有很多食物，阿根廷人認為艦長必須在海上或其他地方進行補給。這個日期可能很重要，在1945年2月16日對德累斯頓進行的災難性空襲之後，希特拉下令使用非常規砲彈進行報復，U型艇將向紐約進行襲擊。U-530可能被揀選執行此任務。後來海軍將領勸阻希特拉繼續執行這項措施。

U-530及U-977潛艇

U-530除了105毫米甲板炮和高射砲武器外，還裝載了14枚魚雷。它們是：八枚T-3a LUT pi-2和六枚T-5 FAT pi-4c。無線電設備接收器由兩個主要部分組成，一個是全頻率，一個是無線電波，另一個是D/F。為何這些魚雷和雷達被拆除？這個疑問直到現在都沒有答案。當U-530抵達克里斯蒂安桑德（Skagerrak）進行加油時，根據總工程師的建議，只裝上225噸油，為了有更好的穩定性而少了20噸。另一艘已知在阿根廷的潛艇U-977也減少載重量，U-977只填裝80噸，而其載重量為130噸，同樣是根據總工程師的指示以提高穩定性。U-530艦長說他直接從柏林收到了行動命令，這命令從位於柏林北部貝爾瑙由鄧尼茨直接指揮的基地發出。U-530載有54名官兵，於1945年3月3日離開克里斯蒂安桑德，前往奧爾滕峽灣，停了兩天後，於1945年3月5日在大西洋沿海岸線航行，直到卑爾根以北。在這段航程中沒有發生任何異常情況。

U-530在美國水域的行動

4月24日，艦長維爾姆斯收到命令對紐約作戰。他於4月26日收到了來自柏林的最後通訊，建議採取防禦措施。在此時潛艇開始出現一系列神秘的無線電接收問題。到4月30日，只有短波接收器能夠工作，並且當天接收停止後，所有接收器便完全不能通訊，U-530無法與其他德國發射器作進一步的無線聯繫。U-234的無線電通訊員沃爾夫岡●赫希菲爾德（Wolfgang Hirschfeld）在相近時間通過該地區，在接收短波和地區傳輸方面沒有任何問題。U-530於4月28日到達200米長的紐約航行路線，並在長島以南沿海地方潛航，船員甚至被允許遠望有汽車、火車、摩天大樓的紐約市。

1945年5月4日，鄧尼茨發出通訊，下令停止U型潛艇攻擊。由於艦長無法接收無線消息，因此他於當天對沿海航運發起了攻擊。他用Lut魚雷襲擊運輸船隊。結果兩支魚雷失蹤，另一支卡在發射管子內。5月6日，他用兩支魚雷攻擊一個大型護衛隊，但沒有擊中。然後是油輪，每支魚雷都有Lut系統，但是全部沒有擊中目標。5月7日，他向一個船隊發射了兩支FAT魚雷，但均未命中，然後因轟炸而被迫離開。這三次襲擊，均未發現其他地區有U型潛艇。在5月8日，或者可能是5月10日，艦長回憶起，潛艇的無線電接收器神秘地恢復了，他接到了停止敵對行動的命令。他懷疑命令的真實性，但當天還是決定退出攻擊區。據他的軍官說，直到5月12日潛艇仍然在美國水域，艦長試圖聯繫總部以獲得返回挪威的許可，卻發現戰爭已在一周前結束。於是他決定去波多黎各的一個非常深的海溝，拋棄魚雷、彈藥、槍支零件、甲板炮和文件。1945年

6月17日越過赤道，U-530從馬德爾出發，7月9日到達普拉塔。

　　艦長韋爾姆斯及其屬下軍官敘述的U-530故事，當中的主要問題可歸納如下：

（1）無線電接收出現奇怪故障，甚至聽不到當地的岸上廣播電台。

（2）使用幾乎萬無一失的LUT和FAT魚雷對護衛艦進行了三次皆失敗。

（3）解密後的報告未有解釋什麼原因造成船的損壞。

　　U-530到達波多黎各的大西洋海溝拋棄包括魚雷、高射砲彈藥以及甲板炮105毫米彈藥的事實，這表明甲板炮彈藥是非常規且具有高度危險性。可能從紐約附近開始，這些砲彈內含的非常規物料開始洩漏，其性質足以干擾魚雷和無線電裝置的電子。試圖拋棄砲彈時，會發生嚴重的溢漏。這種物料危及了潛艇，也許即使是殘留在機殼上的最微量液體也可以危及生命，並使清潔劑變得具腐蝕性和在外殼上著火，並可能導致惡臭。調查指船內的黴菌表明艙口蓋關閉了很長時間，對船艙產生有害影響。船員的健康狀況轉差，一直持續到馬德普拉塔。**1944年10月22日《紐約時報》所報導，德國人正在研究一種新的V型武器，該武器可以安裝在火箭或砲彈中。儘管不是核武器，但它涉及核原理。這篇文章描述了添加劑氣體在爆炸時將如何膨脹，從而改變了常規爆炸的空氣環境性質，從而極大地增強破壞力，令砲彈受到撞擊時可覆蓋更大區**

域。有專家認為U-530很可能是藏有這種實驗武器。

1945年8月17日，U-977潛艇在從北大西洋到達阿根廷，經過神秘消失的66天之，也在馬德普拉塔投降。**U-977的航行也激起了人們對希特拉和納粹黃金的陰謀論，但是從來沒有真實的證據。**

無論如何，**納粹科學家不大可能嘗試保存元首的DNA**。雖然DNA分子最早於1869年被發現，但直到1952年科學家才確認其在遺傳中起作用。直到1996年，蘇格蘭科學家才成功地克隆了一隻綿羊，首次成功地從成年哺乳動物克隆出來。

我們不知道這些U型潛艇到底去了哪裡，也不知道他們在做什麼。他們有可能去南極洲嗎？是。當然。戰爭期間德國人是否有可能在那裡建立基地？是的，這也是可能的。如果在南極洲設有基地，他們可能透過有限的U型潛艇操作和天氣監控，並且可能僅是研究。

鄧尼茨海軍上將的言論，通常被解釋為暗示南極洲基地的存在。事實上阿根廷里約內格羅省的聖卡洛斯-迪巴里洛切及其周圍的納粹分子對嚴寒的冬季也不陌生。有趣的是，近年俄羅斯曾暗示這個納粹逃亡神話，多次暗示納粹當年可能在南極洲有所發現，甚至建立基地，藉以揭示第二次世界大戰的神秘結局。

也許俄羅斯已經知道內情，但目前他們還沒公佈更詳盡的資

料。俄羅斯的科研人員依然在南極進行探索。他們在南極冰蓋下發現如埃菲爾鐵塔一樣高的隧道。該報告與戰後關於南極大陸和納粹基地的持續傳聞有關。

納粹在整個戰爭期間一直積極在南極開發先進太空科技的另一條證據是，1944年9月，英國一枚潛艇用魚雷擊碎了德國的U-859。67名船員中有20名倖存。30年後，其中一名倖存者承認潛艇正在運送汞。汞通常用於太空航天推進的燃料，和潛艇用的燃料完全不同，因此對於納粹U型船，最合理的解釋是派遣去南極基地運送重要的物質。

另一個引人入勝的故事，關於一名U-209潛水艇水手在船上用德語寫的信。這個名為昂格（Karl Unger）的水手解釋説，前德國陸軍將軍和有影響力的政治地理學家（Karl Haushofer）博士已向潛艇艦長Heinrich Brodda提供了詳細的説明和地圖，以導航至南極洲的特定坐標，**從而使他們能夠進入地下洞穴，然後通往空心山**。昂格説，全體船員將留在那裡。而戰爭記錄中確實列出U-209是失去蹤影的潛艇。

XI-B 納粹潛艇

在二戰後期，納粹德國建造的最後一種新型潛艇與XXVI型非常相似。傳聞此計劃的指令通過海運發送到新施瓦本基地。此外，還有一個希特拉的U型潛艇神秘案例，就是沒有正式完成的XI-B型。這種類型的第一艘潛艇U-112是唯一已完成的XI-B類型，出於保密目的，未在官方的記錄中。

XI-B重達3600噸，比其他任何U型潛艇都要巨大，航速為23節。它的特點是甲板上有兩個大型砲塔，帶有四門127mm炮，設計用於運載可折疊的水上飛機Arara 231。它的代號為「黑騎士」（Der Schwarze Ritter），在戰爭期間一直保存在西班牙的中立港口，直到1944年下半年執行一項特別任務。直到1993年在科德角附近被發現後，軍事學家才再次聽到它的名字。傳聞U-112曾經參對抗一場與美國的潛艇戰，擊沉了所有美國潛艇。這艘艇曾到愛爾蘭和親納粹的愛爾蘭獨立運動人士接觸。發現它的潛水員聲稱，在海底的潛艇殘骸，顯然在執行任務後就沉沒了。在發現艇上海圖定位系統之後，這船肩負的神秘任務被稱為CA-35。

傳聞這神秘任務是：U-112運載著代表納粹的代理人和大量帝國的黃金和債卷，這是用於建立第四帝國的未來資金。該船還被設計為可承載標準U艇乘員的兩倍，載有運載材料和特殊突擊隊的裝備。為了完成這項秘密任務，機組人員相信是勃蘭登堡突擊隊，他們為納粹情報組織阿勃維爾（Abwehr）和IG Farben的N.W.7工業間諜秘密工作。N.W.7全名是「柏林N.W.7辦公室」，於第一次世界大戰後建

立，1938年由納粹情報局所管理。其工作主要是在外國偷取工業、武器等情報。這種秘密行動估計是將重要商業間諜運到西班牙、阿根廷，甚至美國。**30年代美國銀行家暗中支持納粹德國，傳聞納粹商業間諜在戰後，就是在華爾街管理納粹帝國非常龐大的地下資產。**

　　XI-B型潛艇是納粹大型U型潛艇，設計於1937-1938年，在兩門砲塔中（圓錐塔的前後）裝有127毫米甲板炮，有六根魚雷管，船頭有四處，船身魚雷上有兩處。一架Ar 231小型飛機位於直徑2.6米的水密集裝箱井中。船員大約有110人，幾乎是德國製造的U型潛艇艇的兩倍。1939年1月17日，德國將四份合同U-112至U-115授予不來梅的AG Weser船廠，但在同年9月戰爭爆發時取消，當時沒有任何船隻建造完成，不過有消息說U-112已建造完成。U-112不僅建造完成而且可以深潛航行，進行非常秘密的任務，參與了很多希姆萊近衛隊及希特拉的秘密任務。

　　在所有U型船的官方歷史中，都沒有提到過XI-B型船型。大量資料表明，該設計僅在德國不來梅的「Deschimag-AG Weser造船廠」進行了初步的龍骨鋪設，雖然沒有其他建造資料，但是有海軍文件暗示，確實有至少一艘這種類型的潛艇是從Deschimag納粹海軍基地建造。

　　在弗賴堡堡‧布雷斯高（Freiburgim Breisgau）軍事檔案的記錄中，德國簡短提到了XI-B型潛艇的威悉河上進行實際測試。從同

盟軍和軸心國情報部門文件和被俘軍人口供，得到的大量報告非常有力地表明，在1944年初，XI型可能停泊在西班牙的維哥和葡萄牙里斯本的中立港口伊比利亞半島，然後移交給不來梅省支部，直到最後一次航行前移交給格丁尼亞。

相同的資料還指出，XI型的非正式名字是「黑騎士」(Der Schwarze Ritter)。沒有官方文檔，但是從海軍通訊中多次提及黑騎士的名稱，所以U-112或其他同類型潛艇的存在可能是真實的。它們參與最重要的是被稱為Jolle和 Aktion Feuerland 的德國特種作戰行動。這兩項行動旨在為德國戰後的生存鋪路。**值得注意的是納粹領導人和戰犯逃亡到智利、巴拉圭、烏拉圭等國家以及最容易進入阿根廷內建立第四帝國，據傳都是乘坐XI型U型潛艇。可以說，這些潛艇奠定納粹在南美建立第四帝國的基礎。**

希特拉逃生船

還有一款U-1229型號，在1944年夏季和秋季處於非常活躍狀態。U-1229號潛艇於1944年7月13日離開基爾，參加了第一次也是唯一一次在北大西洋和加拿大沿海對盟軍船隻進行的戰爭巡邏行動，但未獲成功。8月20日在一次潛入美國的特殊任務中，U-1229號潛艇在紐芬蘭南部被博格號航母上一架配備雷達的偵察飛機發現，隨後被航母上三架復仇者戰機、兩架野貓戰機的深水炸彈和火箭彈攻擊，歷時兩小時，最終被擊沉。U-1229號在最初的空襲中受到嚴重破壞，試圖在水底逃生，但由於受損的電池部分開始產生

有毒煙霧，被迫再次浮出水面。船員棄船時，U-1229號潛艇遭到數架飛機掃射，導致包括津克在內的眾多船員死亡。結果共有18名船員死亡，41名幸存者在水中停留7小時後被美軍驅逐艦俘擄。不過在戰役時美軍都不知道XI型U型潛艇也正駛向美國海岸，當時距U-1229僅20海里。

戰時德國公司的業務，IGFarben和Krupp Industries等公司已在1944年6月之前將其股票沽清換成金幣或金條，將這些硬資產分佈到瑞士、土耳其伊斯坦堡、葡萄牙以及最重要的阿根廷等中立國家。戰後有記錄證實，有數百萬美元的有價證券確實由U型潛艇運到幾個國家，再進入房地產市場，並最終存放在德國控制的Banco Aleman Transatlantico和Banco Tornquist銀行中。

隨著選擇範圍的迅速縮小，資金轉移計劃越來越秘密，轉移資金的路向變得越複雜。1944年9月芬蘭情報部門的報告盟軍很遲才留意到其重要性，報告指自7月初起，波蘭但澤港出現希特拉逃生船。當人們研究種種細節時，得出一個可能的結論：所謂的「希特拉逃生船」就是XI-B型潛艇，不應該是同一艘船。

從納粹資料來看，這艘潛艇於1944年7月20日下午離開了丹吉格（格丁尼亞）港口，即是納粹反對派對希特拉進行暗殺的同一天。記錄也非常有力地表明，是德國工業家部署XI-B型潛艇。該船被稱為「希特拉逃生船」，顯然是為了掩蓋納粹反對派的故事。為什麼在這個特定時間部署？工業家反對派需要執行兩項任務：直接與

美國代表談判達成可以接受的停戰協定，並將至少一部分德國公司證券出口運到阿根廷。37天後，XI-B型U型潛艇抵達馬薩諸塞州海岸，從事其秘密任務。1944年8月25日，在東海邊界水域，美國海軍情報局在過去幾天裡不斷收到英國海軍超音速ULTRA號追蹤到不知名U型艇的通訊。8月15日，海軍部通知海軍「總司令」美國海軍，他們相信有「LT」的U型艇正駛向大西洋，懷疑它是在執行特別任務而來，潛艇上無線電寂靜，不報告其日常位置，這是當時U型潛艇指揮官的常規做法。8月17日，英國海軍部似乎可以合理地確定這艘神秘船已綁定在美國海岸。在8月25日傍晚之前，它大約16:00時浮出水面，潛艇成功躲避了美國海軍特遣隊。由於這時有一架商用泛美飛機的目擊者見到潛艇，位於馬薩諸塞州南韋茅斯的海軍飛艇中隊ZP-11命令海軍飛艇K-25從護航巡邏中轉移，並作瞄準調查。北船巷巡邏隊的當地船隻也被調派到現場。

與此同時，ONI電報員普雷斯頓•霍利（Preston Howley）正在位於鱈魚角查塔姆的海軍情報局無線電攔截站對潛艇的無線傳輸進行監控。據霍利說，這種傳播是源於外交B-Bar信號上一個非常近的位置，這意味著該特定的德國U-Boat發送的外交信息處於高度優先狀態，符合已知事實。這艘U型艇實際上是由海軍 K-25 飛艇擊沉的，小型水面船隻進行48小時的水面搜尋幸存者和殘骸。官方記錄當然傾向於支持對殘骸的後續搜查。1943年5月19日，盟軍開始懷疑南極正在發生奇怪的事情，主要是由於大量的U型潛艇經過南大西洋。希特拉當時正在使用大型補給潛艇，著名的海軍上將鄧尼茨海軍上將，將負責建造大型基地的托特組織的建造物資和設備

運送到南極211基地。向南的還有數千名武裝親衛隊（Waffen-SS）和「南極殖民婦女」（Antarktische Siedlungsfrauen, ASF）。

這時，羅斯福總統向巴西總統格塔里奧•巴爾加斯（Getulio Vargas）發送了一條編碼信息，抱怨葡萄牙奉行法西斯主義的總理安東尼奧•薩拉薩爾博士（Dr.Antonio Salazar）拒絕准許在亞速爾群島建立盟軍的海軍基地。羅斯福告訴巴爾加斯，盟軍情報部門了解到這些島嶼上已有納粹潛艇基地。

艾森豪威爾將軍為了使薩拉薩爾博士不知情，已經制定了先發制人的佔領加納利群島（西班牙擁有）和佛得角（葡萄牙擁有）的計劃。同盟軍的潛艇殺手將摧毀U型潛艇在南極洲的新基地。1944年5月23日，OSS（戰略服務辦公室，CIA於第二次世界大戰的前身）文件肯定了薩拉薩爾可以繼續發揮作用，然後才為盟國起草正式回應。

葡萄牙在地理上比德國和瑞士，以及瑞典離德國更遠，但是該國及其殖民地仍然非常容易受到德國的壓力。葡萄牙專制獨裁者薩拉薩爾對軸心國表示同情，特別是在西班牙內戰中與佛朗哥站在一起之後。這些因素導致葡萄牙和納粹德國之間進行了重大合作。薩拉薩爾向第三帝國提供對德國軍械工業非常重要的鎢貨運，並允許德國間諜代理商在該國開展業務。實際上，與瑞士一樣，葡萄牙是第二次世界大戰期間的間諜巢穴。由於薩拉薩爾將法西斯主義的許多方面納入了他的政府，包括法人主義的社會和經濟政策，民主和

議會的淪落，廣泛的秘密警察以及禁止罷工。希特拉和墨索里尼對他的看法都是有利的，正如西班牙的佛朗哥將軍。鎢貨運獲得相當利潤，儘管確切金額難以確定，但仍有一些線索可以見到其價值。美國希望在戰爭結束時葡萄牙交出的44噸德國黃金，就是一個很好的例子。儘管薩拉薩爾與軸心國有聯繫，但他有時還是與同盟國合作。他將亞速爾群島的基地租給了英國人，也允許許多逃離納粹的難民穿越葡萄牙首都里斯本。

希特拉在1945年與柏林元帥費迪南德・舍納將軍握手。

南極納粹移民計劃

如果你是1942年夏天在烏克蘭城市波爾塔瓦被炸毀火車站的國防軍士兵，你可能已經看到遊行中一個看上去很奇怪的軍事部隊，正準備等候一列旅客列車。

這個單位由婦女組成，都是17歲至24歲之間的金髮、藍眼睛的女人，又高又苗條，她們誘人的身段被天藍色制服所包裹。每個女人都穿著意大利風格的警備帽，一條膝蓋以下的下擺A字裙和一件帶有SS徽章的合身夾克。你可能以為黨衛軍招募了一批高級應召女郎，但事實並非如此。**這是由黨衛軍頭領希姆萊（Heinrich Himmler）的最新計劃——「南極殖民婦女」（Antarktische Siedlungnsfrauen）。**

這故事實際上始於1938年，當時德國水上飛機運輸公司（Schwabenland）橫渡南大西洋，駛向南極毛德皇后的土地。

根據俄羅斯飛行學家Konstantin Ivanenko的説法：對寒冷天氣有經驗豐富的資深人士阿爾伯特•里希特（Albert Richter）所指揮的探險隊，飛往南極洲施瓦半島。里希特探險隊的科學家使用大型多尼爾水上飛機探索極地廢物，模仿了十年前理查德 伯德海軍上將的路徑。德國科學家發現了由地下火山加熱的無冰湖，並能夠降落在湖上。人們普遍認為，施瓦本探險隊的目的是尋找秘密的行動基地。據悉後來在Mühlig-Hofmann山中建立了德國基地，位於阿斯特麗德公主海岸內陸。該地區更名為新施瓦本，基地僅被稱為211基地。

從電影舒特拉名單中，人們意識到殺死猶太人是納粹的非常關切的事情。但是實際上希特拉和黨衛軍對東歐帝國的其餘人口一樣殘酷無情，在尋求更完美的雅利安人種過程中，他們毫不思索將東歐人

進行洗腦，將部分人種編入它的雅利安人種。這種改組是由一個鮮為人知的黨衛軍辦公室完成的，該辦公室稱為「德國種族和安置局」（Rasse und Siedlungshauptamt, RuSHA）。僅在烏克蘭，RuSHA就為納粹德國的彈藥工廠招募了50萬名婦女從事強迫勞動。

正是RuSHA挑選了婦女擔任「南極殖民婦女」計劃（Antarktische Siedlungsfrauen）的希姆萊分隊的成員。大約有一半的徵兵是「Volksdeutsch民族」的德國人，其祖先定居於17世紀和18世紀。其他人是烏克蘭原住民，RuSHA已將其升級為正式的雅利安人。

此過程稱為「德國化」（Eindeutschung）。據伊萬年科（Ivanenko）說，德斯拉夫南極帝國的想法越來越受歡迎。據說，在1942年馬丁•鮑曼（Martin Bormann）驅逐的100萬烏克蘭人中，有10,000人是種族最純淨的烏克蘭人，在第二次世界大戰期間，這些人被運送到德國南極基地，比例是四名烏克蘭婦女對一名德國男子。如果真是如此，那意味著希姆萊將2500名在俄羅斯戰線表現出色的黨衛軍士兵轉移到南極洲的211基地，即是新施瓦本。這可能是納粹最後軍團的傳說源頭。

在波羅的海希烏馬島的里斯塔附近的愛沙尼亞半島上，納粹建立了一個ASF訓練營。那是一所學校和新兵訓練營的結合體，在那裡女士們接受關於魅力和家政、以及在極地生存的課程。希姆萊將營地的存在保密，對於那些不願訓練的學員，唯一離開的辦法就是去往奧斯

威辛集中營做守衛。有一個已知的ASF守衛為實例。1943年，奧斯威辛集中營的後衛格里塞（Irma Griese），當年入集中營時是22歲，約瑟夫‧曼格勒（Josef Mengele）博士藕斷絲連的親密女朋友，穿著天藍色的ASF制服。格里塞因戰爭暴行罪，在1946年被判絞刑。有資料顯示她曾參與南極移民計劃。1943年5月，大將軍鄧尼茨的潛艇攻勢失敗，那些潛艇幾乎與運油輪一樣大，鄧尼茨曾用這種潛艇在遙遠的海洋進行「狼羣計劃」，但是現在只能在深海中漫無目的潛航。希姆萊親落命令給潛艇部隊，指示運送運輸物資和人員到南極。希姆萊將數千名定居者送往南極洲的理由，只能透過其神秘信仰的背景才能理解。由於他年輕時讀過新時代（New Age）書籍，與神秘學家弗里德里希‧維希特爾（Friedrich Wichtl）博士有交往，並且是Artamen成員，希姆萊成為了印度教內的新天地、眾神國度和尤加斯人的信奉者。**他相信當前的時代，也就是「卡利尤加」（Kali Yuga），將以一場全球性的大災難而告終，從而誕生一個新的世界時代，即「薩提亞尤加」（Satya Yuga）。通過派遣納粹成員殖民南極洲，希姆萊確保純種的雅利安人種能夠在來臨的大災難中幸存下來，其社會和文化完好無損。大災**變使南極冰蓋融化後，他們將擁有南極洲。伊萬年科在2003年寫道：「在阿根廷和其他拉丁美洲國家的模特兒公司Gloria，在1947-1952年之間，招募了很多女性，估計有8,000至30,000具吸引力的年輕婦女，工作是到歐洲工作，但她們在就業後，再也沒有人見過她們的蹤影。一艘名為阿斯塔特的船在多明尼加共和國的旗幟下，從里約熱內盧接下了2,000名女孩，那裡有成千上萬的德國白人、意大利人、波蘭人等離開，之後她們從此人間蒸發不知所蹤。俄國人於

1945年在柏林動物園區（Tiergarten），地址為Tirpitzufer 38-42找到了南極冰層下通向阿格哈塔（Agarta）的深海的地圖。帝國38艘潛水艇中，只有A級潛艇可以做到這一點。這份地圖説明如何進入在某地方的秘密基地，經過蘇聯部隊仔細解讀，發現此地圖就是在南極冰層下通往阿格哈塔的水下通道的地圖，並將其交給了NKVD和後來的KGB。因此，蘇聯最高的領導人知道了阿格哈塔地心世界的存在。

南極基地移民的去向

　　美國極地研究站（Amundsen-Scott）是離211基地入口最近的一個同盟國監測站。極地監測站裡幾乎所有員工都是為美國政府秘密服務的成員。在一系列極地科學家神秘失蹤或死亡之後，所有

科學家在1960-70年間被安全人員取代。可以肯定地說,在二戰之後,納粹帝國的成員撤退到南極基地。但是從那以後他們發生了什麼?將數千名歐洲血統的年輕婦女祕密地運送到波蘭地區的想法是合理的,這對於在南極洲傳播雅利安人種很有道理,但不幸的是本文沒有辦法進行考證。如果真有機會出現的話,那將是絕對的證據,表明南極現在仍然有第三帝國的存在,鄧尼茨海軍上將的言論一直都是非常重要的證據,如上文所說歷史一直將鄧尼茨歷史刻意淡化。近代很多歷史學家都重新研究,嘗試還原真實歷史,使到鄧尼茨與納粹德國的關係更令人信服。

俄國紀錄片還指出,大約有100艘潛艇以及數千名科學家消失了。對於俄羅斯的知識分子來說,很難接受德國的潛艇在納粹失去統治世界能力後,仍擁有非常先進的技術,並在戰後在深海中進行神秘的任務。其實蘇聯在冷戰期間,也有著可怕的戰爭記錄需要隱藏起來,蘇聯顯然沒有確切的南極基地證據,但他們知道德國民族有一個不惜犧牲一切來實現的目標。傳聞冷戰開始,德國一分為二,就算佔有東德所有地方。但是對於收集南極情報都非常困難。在1957年,蘇聯在南極沃斯托克湖(Vostok Lake)建立基地,傳聞蘇聯挖到冰層下4000公尺。這件事已引起美國注意,曾派CIA及海豹突擊隊調查。不過最後因害怕冷戰引發外交風波而終止調查。

南極的納粹總人口估計已超過200萬,其中許多人接受了整容手術,以便更輕鬆地穿越南美並進行各種商業交易。南極帝國是世界上軍事實力最強的洲之一,因為它可以用潛艇的核導

283

彈摧毀美國數次，而由於兩英里厚的冰層，它本身卻不受美國核打擊的影響。此外該殖民地的首都新柏林市在火山口地熱下，穿過未命名山脈下的狹窄的亞冰川隧道抗擴展到其他地方。有考古學家還聲稱，新柏林毗鄰阿格哈塔的史前遺址，這可能是十萬多年前的亞特蘭蒂斯失落大陸的定居者建造的。

現代不明飛行物的傳聞中流傳著一種說法：有反重力推進的外星飛船於1936年夏天在南極新施瓦本墜毀，並由納粹對其進行回收及重新設計，從而訂立了飛碟計劃。這與1947年在新墨西哥州羅茲威爾飛碟墜毀的事件相似，據稱美國透過逆向工程發現了晶體管、光纖和其他高科技東西。伊萬年科報導說，有關南極帝國的討論在俄羅斯、波蘭、烏克蘭、白俄羅斯和東歐其他國家越來越流行。他寫道：「在2003年5月10日的法蘭克福匯報上，波蘭記者斯塔格克（A.A.Stagjuk）批評了波蘭決定派部隊前往伊拉克協助盟軍佔領的決定。這位記者在文章最後一段說，下一屆波蘭政府將與南極洲簽署條約並向美國宣戰。」伊萬年科補充說，斯塔格克的話是在同一周在短波廣播電台「德意志」上播出的。

一些分析家將此句子與在20世紀引發戰爭的著名代碼短語進行了比較，例如1936年的西班牙內戰的「天空萬里無雲」和1941年的「爬上新高岡山」。「爬上新高岡山」是山本上將發給日本帝國海軍艦隊的信號，以開始對珍珠港的攻擊。這段說話被伊萬年科解讀為向南極地區的通訊，希望南極地區能夠支持他們。很多對南極基地的疑問，因年代越來越久，近代很多人都認為，生活在南極洲冰

下的大量人口與主流世界完全脫離，實在非常奇怪，甚至是沒可能的。究竟當年黨衛軍移民的孫輩和曾孫輩居住的冰下，果真有一座城市嗎？還是僅僅是第二次世界大戰期間在歐洲混亂狀況下流傳的都市傳奇？不幸的是，現在眾多擁有納粹德國文件的國家，很多資料文檔依然保密中，有待未來進一步解密，才能知道在二戰時納粹德國究竟發生了什麼，以及如何發生這類到現在依然繼續發酵的傳聞。

最初有成千上萬的人口，加上奴隸工人以及成千上萬的技術人員，科學家和專家一起制定了「生命之泉計劃」（SS Lebensborn），所以有充分的理由懷疑，南極洲的冰下確實幸存納粹人員。具諷刺意味的是南極洲有一項條約禁止武器和武器測試，但在冰山下可能正是一個新帝國的巨大武器庫，它正等待從孤立中破冰而出。不過，也許許多新施瓦本人已經離開，並殖民了南美的部分地區，這就是「Canaris-Vril Z-計劃」（或稱未來計劃Zukunft），他們建立了南美的納粹第四帝國。在1945年未投降的情況下開始，逃離歐洲的德國人已遍佈南美的阿根廷、智利、烏拉圭和巴西的部分地區，並與統一的德國保持著牢固的業務往來。

戰後敖德薩（Odessa）籌謀從南美洲行動，並由黨衛軍領導的狼人恐怖分子抵抗盟軍佔領兩年，結果因人數和武器補給而放棄了行動。

在南極211基地，據稱帝國所有最秘密的武器計劃都轉移到了那

裡：導彈、潛艇、噴氣式飛機和其他武器，如果到現在仍有一個殖民地於兩英里下的冰層保存下來，那麼這些武器現在可能已得到相當大的發展。誰知道現在會有什麼技術出現，以及他們的維利領導者是否會從畢宿五（Aldebaran，維利會中人所信仰的金牛座星體）強勢回歸，像電影《Iron Sky》般攻擊地球？說不定第三帝國納粹飛碟、南極基地的故事，並沒有隨著納粹德國本身的崩潰而結束。它仍未完成的陰謀將會再重臨世上。

德軍潛艇的最後證據

圖中是德軍潛艇及其服役日期的清單，全部於1944年提供。部分內容與德國人在1943/44年在「Blohm and Voss造船廠」建造並於1944年服役的XXI型潛艇有關。這些非常先進的艦艇大約有50艘，甚至可能有更多，但從未在海軍潛艇資料中。沒有任何建造完成日子的記錄，但潛艇從1944年7月起開始服役。在海軍正式記錄中，他們把所有時間都花在訓練演習上。這是戰爭最激烈的時期，當時盟軍有大量軍人和武器被運送穿過大西洋，以供盟軍反攻歐洲用。我有一個很大的疑問，為什麼那些潛艇沒有用於戰爭，納粹實際上花了多少時間在做了甚麼事情？如果第三帝國撤退到南極洲，那麼他們肯定會使用潛艇來實現計劃，這當然是使用先進的XXI型潛艇來進行這項工作最合適。由於有需要運輸人員和機器，因此XXI型的艦隊很可能不在訓練任務中，而

是往返於南極洲。所以納粹潛艇的謎，最直接的客案可能與南極基
地、南美最後部隊有關。

暗黑指紋·高迪斯

Chapter 9

至今未解的謎團

總結歷史事實和疑問

事實1：德國人對南極洲進行了一次探險，其隱秘的目的顯然是軍事性的，人們無法想像德國帝國司戈林這樣的人會贊助一次非軍事性的純探險。

事實2：美國在二戰之後，曾兩次對南極大陸進行了大規模的軍事考察，都是以地理科研的測繪為掩護〔1947年的伯德考察、「跳高行動」和1957-58年的地球物理年（研究原子彈爆炸對南極天氣的影響！）〕

事實3：伯德海軍上將，第一次美國探險隊的領導者，南美的一份報紙上記錄了他對「敵方飛機能夠輕易侵犯美國領空，並以極快的速度從一個極點飛到另一個極點」的警告。

事實4：德國海軍對漢斯・科勒的「自由能量」的構想和線圈表現出極大的興趣，表面看來是為了創造一種潛艇推進方法，讓德國U型潛艇或多或少可以無限期地保持在水下潛航。

事實5：伯德上將的日記和遠征日誌仍被保密。

事實6：科勒的發明被德國海軍高度保密，後來又被英國人高度保密，戰爭結束30多年後才解密

事實7：德國人顯然還設計了一種複雜的羅盤，可能是為了讓飛機在極地使用，也可能供其他不太常規的飛機使用。

事實8：據稱德國南極基地存在的時間跨度與UFO的黃金時代非常

吻合，從阿諾德目擊事件，羅茲威爾墜毀事件，到50年代華盛頓特區UFO事件等。

事實9：黨衛軍上將卡姆勒博士在戰爭結束時失蹤。卡姆勒博士在戰爭結束時完全控制了第三帝國的所有秘密武器研究，他的地位使他對德國海軍的研究有充分的了解。

事實10：從巴頓將軍的師團在歐戰末期的動向可以看出，卡姆勒的黨衛軍秘密武器是這些軍事行動的主要目標。

疑問1：鄧尼茨大將軍不止一次提到「德國潛艇艦隊在極地建造秘密基地」的作用。這些基地的工作人員都是黨衛軍，可能是正在進行「零點能源」或「自由能源」秘密研究的技術人員？

疑問2：納粹武器研究屬於一個名為S-IV的黨衛軍組織，詳情可看前文講述卡姆勒的事跡。

疑問3：據稱南極基地由奇特類型的武器進行防禦，包括電磁軌道炮等，這是可以干擾和阻止標準的電氣發動機點火系統的裝置？

疑問4：黨衛軍小組在研究比原子能和熱核能源更奇特的物理學領域，例如反引力、磁場等？

疑問5：戰前神秘組織圖勒協會和維利會的神話，與納粹在極地地區的神秘主義利益有關？

疑問6：黨衞軍的最高層都是希姆萊在韋爾斯堡的神秘學派成員，
　　　　所以卡姆勒本人很可能就是這樣的成員。

　　從納粹飛碟、南極基地、各種末日武器……很多的謎團現在仍沒有肯定答案。主流傳媒的引導下，各種疑問沒有因時間流逝，而越想得到真相，越會發現更加多的迷霧。

二戰未完的謎團

　　隨著二戰進入白熱化，1941年至1944年間懸浮飛行器的進步催生了「Haunebu」系列——帝國飛碟艦隊的重量級母艦。強大的磁引力驅動器 Thule-Tachyonators 以垂直旋轉的大水銀球作驅動裝置，直徑75 英尺的重裝甲飛碟，該母艦型飛碟配備了安裝在底部的裝甲坦克砲塔等武器。其他飛船配備雷射砲。

　　到1943年聖誕節，維利會瑪麗亞•奧西奇聲稱，來自畢宿五的後續訊息顯示，有兩顆宜居行星繞著該恆星運行，蘇美爾的古代美索不達米亞文明與畢宿五的外星探險家與地球建立早期殖民地有關。維利會甚至發現畢宿五的書寫語言與蘇美人的語言相同，並且在語音上與德語口語相似。據訊息透露，在地球附近存在連接兩個太陽系的維度通道或蟲洞。因此在1944 年1月，當希特拉和希姆萊意識到德國的戰爭陷於膠着，戰事越來越步履蹣跚，決定批准了一項大膽的計劃，將一艘Vril-7碟形飛船送入維度通道，此舉或許是為了獲得畢宿五文明的援助。可是這次冒險導致災難的結果，Vril-7　返航時其機身據說已經嚴重老化，就像已經飛行了100年一樣，並且其表面有多處損壞。同時盟軍嚐到了德國飛碟致命武器的攻擊，令盟軍相信德國有秘密武器。

1944年盟軍對施韋因富特的軍工廠發動了大規模轟炸。幾個小時之內，一個由10到15架納粹飛碟組成的中隊成功擊落了150架英國和美國轟炸機，佔整個轟炸機特遣隊的四分之一（Foo Fighters事件）。儘管德國壓倒性得到勝利，但對搖搖欲墜的帝國仍然缺乏足夠的飛碟來扭轉局勢。由於帝國的軍事命運受到懷疑，一位雄心勃勃、精力充沛的將軍在黨衛軍核心精英圈內崛起，其權力水平甚至可以與希特拉元首本人相媲美。漢斯•卡姆勒（Hans Kammler）是海因里希•希姆萊（Heinrich Himmler）的門生，他因著快速開發和實施地下製造設施以及大規模動員集中營奴隸勞工的技能而享有盛譽。到 1945 年，卡姆勒已經控制了所有與飛彈或飛機相關的絕密黨衛軍計畫。當然，Vril專案將是他的首要任務之一。卡姆勒輕鬆獲得了在南極特殊項目建設設施的資格。1945年4月17日卡姆勒從德國失蹤，相信是乘搭六引擎Junkers 390 Amerika轟炸機逃脫追捕，飛往未知目的地。同時間一艘直徑250英尺的巨型Haunebu III於1945 年4月完工，配備了四個三聯砲、大口徑海軍砲塔並能夠進行太空飛行。

該劇講述了戰爭期間空軍第八中隊的故事。圖為1944年空軍第八中隊的飛機飛越大柏林，據聞他們遇到foo-fighters飛行物體。

隨著蘇聯、英國和美國軍隊無情地向德國腹地挺進，補給品、科學家和飛碟部件正透過潛艇從歐洲撤離到德國南極殖民地新施瓦本蘭的秘密基地。就在Haunebu III竣工前一個月，瑪麗亞·奧西奇向維利會的所有成員發送了一條神秘的信息，簡單地說「沒有人留在這裡」。瑪麗亞從此杳無音信，也許已經像卡姆勒一樣逃到了南美洲、南極洲，甚至可能……畢宿五！謎題仍然存在，她是否和卡姆勒一起逃亡，或是各自逃到不同地方，到了現在還是一個謎！

透過不可避免地奪取佩內明德的火箭設施和人員，盟軍領導層非常清楚德國的先進技術已經變得多麼危險。儘管第三帝國於 1945 年無條件投降，但潛在的納粹威脅仍然困擾著盟軍情報部門。德國最高統帥部是否犧牲了其歐洲行動來為在南極建立「後備」陣地爭取時間，以便將來能夠從其南極堡壘發動報復？

這個傳說的後記就是跳高行動（Operation Highjump）的遭遇。

1947年1月一支由一艘航空母艦、水上飛機、直升機和4000名戰鬥人員在內的13艘艦艇組成的美國軍事特遣隊，在理查德·E·伯德海軍上將的指揮下被派往南極，其既定目的是測繪地圖的海岸線。這支特遣部隊原定在極地停留8個月，但8週後飛機和人員因不明原因而損失了各種裝備，伯德上將撤回部隊，離開南極。有傳言稱伯德遭遇了壓倒性的敵對行動，他形容為，「能夠以令人難以置信的速度從一個極點飛到另一個極點的戰鬥機。」他還暗示，他實際上已經與一支德國特遣隊交戰，並相信敵方得到了擁有強大技術的先進文明的協助……

伯德在南極探險中發生的一切仍然籠罩在神秘之中，因為所有報告，包括伯德的個人日記和軍隊記錄仍然保密。另外跳高行動最初是由海軍部長詹姆斯・福萊斯特組織的。後來1949年，福萊斯特因精神崩潰被送往貝塞斯達海軍醫院療養。然而據稱在向醫院工作人員大肆咆哮南極、不明飛行物和納粹地下城後，福萊斯特拒絕接見所有訪客，不久之後，他從病房窗戶墜樓身亡。他的死被稱為自殺。但再次思考前文，伯德上將提出的先進文明是否與馮布朗和奧伯特所提到的外星人相同？這些來自異世界的人會不會是德國來自畢宿五的神秘盟友？這就是維利會和第三帝國的懸浮飛碟計畫的後續故事。當然，如果所有關於飛碟的討論都在1945年結束，那麼將整個神話視為荒謬的廢話就很容易被駁回。眾所周知，自二戰以來的幾十年裡關於不明飛行物體和圓形飛行器的持續報導，一直是世界各地普遍存在的謎團。只要這謎團沒有得到肯定的答案，納粹飛碟之謎仍然與全球飛碟現象拉上關係，隨着冷戰的開始，假如真相是英美強國依然與納粹德國有所關連，這一定會引發一連串棘手的問題。來自畢宿五的太空兄弟、納粹武裝的飛碟和射線槍、神秘通靈的童話概念……聽起來像是最離譜的科幻小說！不過若從徹底改變既有概念的量子物理學觀點出發重新思考這傳說，卻呈現出戲劇性的合理性！維利會只是將統一場論實際應用起來了嗎？

　　1945年，一支由德國物理學家、工程師和軍事人員組成的隊伍是否成功脫離傳統能源，並建立了一個完全自給自足且獨立於全球石油體系的新殖民地？迄今為止自由能源的理論和生產依然被打壓和故意隱瞞，以破壞我們的環境為代價，僅僅是為了跨國石油/能源公司和銀行利益的貪婪？這種自由能源推進力是UFO/UAP被掩蓋背後的終極秘密嗎？從歷史中在第二次世界大戰結束後的幾年

裡，德國飛碟之謎變得更複雜。1947年6月，一位名叫肯尼思•阿諾德（Kenneth Arnold）的私人飛行員報告稱，在華盛頓州雷尼爾山附近，有9個閃亮物體以前所未有的1600英里/小時的速度飛馳。用阿諾德的話來說，這艘飛船的飛行「就像一個飛碟在水面上跳過一樣」。於是，媒體借用他的言論，引發了大眾對「飛碟」的迷戀。

然而，阿諾德實際上將這種飛行器描述為新月形，就像「飛翼」一樣，巧合的是，這也是德國霍頓兄弟在戰爭期間完善的另一種空氣形式Ho-229戰鬥機。根據傳聞，被俘獲的德國神秘飛機在加拿大西部的美英軍事聯合設施中進行研究。四個月後在1947年9月，也就是伯德海軍上將的南極任務失敗8個月後，戰略空軍司令部對北極進行詳細測繪和偵察的任務。但除了攝影機之外，這些轟炸機還配備了最先進的電磁掃描器、感測器和磁發射探測器。而且正如伯德所描述的那樣，有一羣不明飛行物體「能夠從一個極地飛行到另一個極地的高速飛行器」也在北極再次遇到。接受報告的機組人員報告稱，他們看到金屬垂直升力碟停在冰袋上，在水中飛進飛出，並尾隨B-29轟炸機。所有證據、錄音帶、菲林膠片和報告文件立即被分類並送回華盛頓特區。根據記錄所知，這次北極行動曾有人員和機師目擊超巨大雪茄型飛船，這是否是納粹德的「仙女座」雪茄型不明飛行物體UFO。這艘330英尺長的龐然大物能夠承載多達五艘較小的Vril和Haunebu飛碟。

1950年代初，在加州一位名叫喬治•亞當斯基（George Adam-ski）的人拍攝了一個與維利飛碟設計非常相似的不明飛行物。後來亞當斯基聲稱在加州沙漠中心附近與一個看起來像「北歐人」的外星人有過接觸，該外星人自稱來自金星。巧合地這個外星人駕駛的

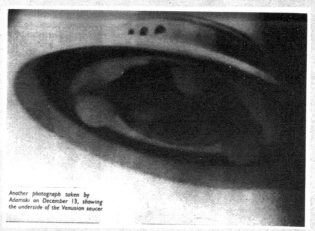

Another photograph taken by
Adamski on December 13, showing
the underside of the Venusian saucer

亞當斯基聲稱這是UFO的照片，拍攝於1952年12月13日。然而，德國科學家瓦爾
特‧約翰內斯‧里德爾（Walther Johannes Riedel）表示，這張照片是用手術燈偽
造的，它實際上是育蛋器的加熱元件，配有白熾燈泡。

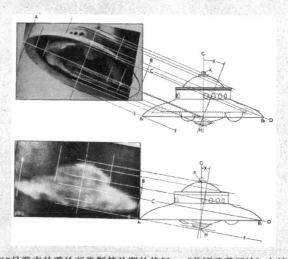

作為1965年7月發表的喬治亞當斯基訃聞的後記，《英國飛碟評論》向讀者展示了照
片證據和技術推斷的結合。他們把亞當斯基拍攝的金星「偵察船」標誌性照片（左
上）與來自湖區的學生Stephen Darbishire 於1954年2月15日拍攝的另一張照片（左
下）進行比較，編輯們還使用了工程圖紙作為該不明飛行物存在的確鑿證據。

小型飛碟的照片顯示其設計幾乎與德國Haunebu II非常相似。儘管亞當斯基後來被揭穿是一個騙局，但與金星飛碟相同的不明飛行物的報導繼續在世界各地浮出水面。

1954年，艾森豪威爾總統據稱被秘密送往加州棕櫚泉附近的MUROC機場與外星人會面。據報道這羣外星人看起來很像北歐人，他們向艾森豪威爾提供自由能源技術以換取核裁軍，但艾森豪拒絕了！據說這些北歐外星人隨後也在梵蒂岡會見了教宗庇護十二世。當然眾所周知在二戰期間，德國與阿根廷和其他拉丁美洲國家保持著友好關係，即使在今天，不明飛行物出現於整個南美洲的新聞也有廣泛報導。另外，傳聞第四帝國在秘魯冰峰和巴西廣闊叢林中的基地……這些在南美的傳聞所描述的飛碟形狀，和納粹飛碟非常近似。

南美的飛碟目擊個案，可能仍然不能作為納粹飛碟的肯定証據，不過戰後納粹德國與不明飛行物有所聯繫，最明顯的推論應該來自瑞士著名的比利・邁耶（Billy Meier）事件。1975年，也就是Vril協會領導人失蹤30年後，瑞士農民Billy Meier聲稱與一位來自「昂宿星團」的女外星人有過接觸，她的化名是Semjase，她的容貌與維利會Vrilerinnen驚人相似。這位女外星人亦留著日耳曼人金色長髮，操著流利的奧地利德語，坦誠地分享了飛碟的知識。Semjase的飛碟是舊Haunebus的現代版本嗎？令人困惑的謎團是，若然第三帝國倖存者到了現代還擁有如此先進的技術，那麼他們為什麼不簡單地展現自己的實力，以最後一擊征服世界呢？他們是否意識到這樣的勝利最終可能會徒勞無功？假設帝國倖存者從畢宿五那裡了解到古代蘇美人所掌握的秘密，在3600年的周期中，地球表面會因太陽系伴星矮星的掠過而遭到毀滅性破壞，據計算這顆暗星將在21世

紀初再次穿越太陽系。另一種說法與《聖經》啟示錄有關，當末世來臨時，帝國倖存者會明智地選擇從地表世界消失，並在南極洲的偏遠荒原中建立堅固的地下庇護所，耐心地等待這個時間的來臨，最後進行末日之戰！

諷刺的是，我們現在面對的危機是像二戰前的德國一樣，西方基督教文明依賴穆斯林國家主導的石油資源。對於這個困境，自由能源/反重力是否最好的答案？答案是肯定的。TR-3B的神秘面紗漸漸浮出水面。據傳已投入使用的美國空軍最新高科技隱形飛機之一是「Astra」，也稱為TR-3B。這艘飛船呈三角形，能夠垂直升降，以及能夠和UAP不明飛行物一般，做出同樣的飛行動作。這款神秘的隱形飛機推進系統被描述為磁場干擾器、反重力，藉由汞等離子體以50,000 rpm旋轉、加壓至250,000 psi產生。此技術使飛船的重力質量減少了89%。三角機身的每個角落配置多模式脈衝火箭，提供剩餘的11%推進力。難道這架飛機是Haunebu III延續機體？有趣的是，在古印度，阿斯特拉（Astra）這個名字指的是一種「可怕的」機載武器……我們從已知的飛機工程來看，這絕對是橫空出現的飛行器。如果這樣的飛機技術看起來太牽強，但當我們考慮到洛克希德公司51區「臭鼬工廠」前主任本·里奇（Ben Rich）的這一說法……「我們已經擁有了星際旅行的手段，但這些技術被鎖定在『黑色項目』中，需要上帝的幫助才能將它們釋放出來造福人類。」

里奇還引述說，「任何你能想像到的事情，我們都知道該怎麼做。」我們就會明白，有很多技術民眾以為無可能發生，甚至無中生有，實際卻隱藏在我們的世界中，真相依然距離我們很遠。理查德·霍格蘭德（Richard Hoagland)的黑暗使命和吉姆·馬爾斯(Jim

Marrs) 的第四帝國的崛起，它們追踪了戰後納粹對美國政治、軍事和太空探索的秘密影響的痕跡，為甚麼納粹的反重力秘密在戰爭結束時被盟軍情報部門吞沒，並被定為「最高機密」，所有證據都被精心隱藏或銷毀？然而，應該指出的是，反重力推進系統，如維利傳説所暗示的那樣，將使現在所有航空航天和航空電子技術一夜之間變得過時，而這些都是與國際石油壟斷者直接相關的價值數十億美元的龐大產業。當然這些聯合的軍工複合體/跨國利益集團擁有抹殺任何反重力研究成果的能力。媒體、出版業被它們所控制，據稱洛克菲勒基金會在1946年支付了139,000美元，委託出版二戰

「官方」歷史，其中刪除了所有涉及第三帝國和神秘利益的內容。洛克菲勒基金會的主要貢獻者之一是…「標準石油」公司！

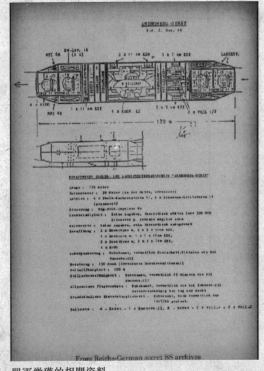

以上一切，可能只是一個科幻故事，不過亦可能是歷史缺失的一塊重要砌圖！

盟軍繳獲的相關資料

納粹陰謀
神秘學事典2 增訂版

作者 ：關加利 Gary Kwan
出版人 ：Nathan Wong
編輯 ：尼頓
封面繪圖：暗黑指紋：偉安
內文插畫：暗黑指紋：高迪斯

出版 ：筆求人工作室有限公司 Seeker Publication Ltd.
地址 ：觀塘偉業街189號金寶工業大廈2樓A15室
電郵 ：penseekerhk@gmail.com
網址 ：www.seekerpublication.com

發行 ：泛華發行代理有限公司
地址 ：香港新界將軍澳工業邨駿昌街七號星島新聞集團大廈
查詢 ：gccd@singtaonewscorp.com

國際書號：978-988-70098-2-5
出版日期：2024年1月
定價 ：港幣150元

筆求人
Seeker Publication